大展好書　好書大展
品嘗好書　冠群可期

大展好書　好書大展

品嘗好書　冠群可期

迷蹤拳系列；3

迷蹤拳（三）

李玉川　編著

大展出版社有限公司

前 言

　　迷蹤拳以歷史悠久、內容豐富、實用性強等獨特的風格特點成爲中國傳統武術寶庫中的一顆明珠，又因近代大俠霍元甲用其技藝屢勝洋武士而使迷蹤拳名揚海內外。

　　青縣稱得上是迷蹤拳之鄉，歷史上習練迷蹤拳者眾多，且名人輩出。爲弘揚這一寶貴文化遺產，根據國家有關部門的要求，我們系統、全面地對迷蹤拳進行了整理，並分冊出版。

　　迷蹤拳最顯著的特點是實用性強，是以技擊實戰而聞名於世的。

　　迷蹤拳的實用性有兩方面的含義，一是能強魄健體，二是可防身實戰，尤以實戰技法見長。

　　迷蹤拳的技擊實戰之法，平時習練時，除了蘊涵於套路拳法招式之中，招招式式均具有攻防含義外，還有一套完整的實戰技法及其基本功夫習練法。這種實戰技法是迷蹤拳全部拳術的精華。過去，這些實戰技法及基本功夫習練法是秘不輕傳的，只是在少數嫡傳弟子中傳授，而且傳授也主要靠言傳口授，很少有

文字材料記載。

在中華武術大力宏揚、逐步走向世界的今天，爲使迷蹤拳得以全面傳播光大，我們將迷蹤拳實戰技法加以整理，撰稿出版，以饗讀者。

編著者

目　錄

迷蹤拳
實戰技法的原則

第一節　心意為本的原則

心意為本，是迷蹤拳習練和實戰的首要原則。心意，指的是人的心態、意念；心意為本，指的是心意在技擊實戰中所起的決定作用。在迷蹤拳看來，實戰搏擊中，心意所起的作用，所產生的力量，往往要勝過肉體的作用和力量，甚至有時要勝過若干倍。這就是迷蹤拳心意為本含義的實質所在。

那麼，在迷蹤拳的習練和實戰技法中，心意的作用是如何貫穿和體現的呢？

首先，是貫穿始終的心意搏殺習練法。

這是迷蹤拳心意為本技法原則的重要表現。無論是平時習練拳術，還是實戰技法基本功夫的習練，乃至與「敵人」交手，都必須把心意放在第一位，都要帶著「敵情」，都當做是「與敵人作殊死之拼搏」，從而求得動作的狠快，意力的真實，精神力量的渾厚，打擊力量的增強。此乃拳術習練的重中之重。

其次，是培養敢打必勝的膽量和信心。

所謂膽量和信心，就是不畏任何強敵、敢打敢拼、惟我獨尊、戰則必勝的超常心理和勇氣。有了這樣的心理和勇氣，在與敵交手時就會不顧一切，「玩命」拼打。這種異常的勇猛，既可彌補搏擊技術的不足，又會使搏擊水準超常發

揮而取勝。之因為如此，習練迷蹤拳一開始就把精神力量的培養放在首要位置，使習練者樹立清逸大勇、無所畏懼、有我無敵、戰之必勝的氣概和信心，為技擊實戰奠定堅實的思想和心理基礎。

其三，是要有穩定平靜的心態。

有的人搏擊水準不低，但一旦交手就神情緊張，心慌意亂，結果他的技擊水準不能正常發揮，從而導致失敗。相反，臨戰時能保持心平氣穩的人，就能較好地發揮技擊之術，容易戰勝對方。這說明穩定平靜的心態在實戰對搏中，同樣有著極其重要的作用。

習練迷蹤拳之所以採用「條件反射」「模擬訓練」等多種方法進行心理素質的訓練與修養，道理就在這裡。有了良好的心理素質，就能夠做到驟臨強敵有靜氣，突遇敵擊而不驚，再加上高超的搏擊之術，就會立於不敗之地。

第二節　全身為法的原則

習練迷蹤拳功純者，周身似彈簧，各個部位均能發力擊人，這叫全身為法，動即是法。對此，迷蹤拳史料是這樣記載的：「迷蹤拳周身拾參頭一百零八點，拾參頭占天罡三十六星，周身占地煞七十二星。」

拾參頭和天罡三十六星是：

「頭：抵、撞、磕、搖、楂、揹。

肩：抗、負、靠、依、撤。

肘：頂、搗、軋、挑、拐。

拳：豎、橫、砸、崩、掖。

臀：甩、坐、騎、提、蹶。

膝：提、點、跪、騰、擁。

腳：彈、搓、勾、踹、撩。」

周身占地煞七十二星是：

「靜：穩、定、虛、實、立、中、正、莊、滿。

動：抓、撩、領、撥、接、托、送、裏、揮。

變：捆、攬、撲、抱、封、架、打、掃、挎。

攻：前、後、高、低、左、右、沖、擊、推。

守：伏、仰、進、退、避、躲、挪、迎、攔。

卸：隨、揉、瘍、措、撣、扐、縮、轉、臥。

借：歪、斜、閃、崩、騰、攔、挳、滾、黏。

巧：搬、纏、挽、拗、摔、撈、躥、擄、捲。」

上述史料的闡述，對迷蹤拳全身為法的技法講得很深刻，「迷蹤拳周身拾參頭」講的是人體的頭、雙肩、雙肘、雙手、雙胯、雙膝、雙腳十三個主要部位，「天罡三十六星」講的是十三個部位的三十六種技法，「地煞七十二星」講的是周身的習練和運用之法。進一步分析還可看出，迷蹤拳先人把自己當做一個「陣勢」來看待，各個「重點」地方都有「強將」把守，上天下地、外練內修、進攻退守無所不包，使自己立於不敗之地。

概括迷蹤拳全身為法之技法，以十五字訣為其精華所在。這十五字訣是：靠、抱、黏、拗、頂、彈、攦、挎、揮、提、撩、纏、擊、托、攔。

靠：有肩靠、臂肘靠、胸靠、背靠、胯腿靠等。使用時貼身靠擊，有上步靠、退步靠、左右靠、轉身靠。

抱：有單臂抱、雙臂抱、抱拿、抱摔、抱打等。

黏：黏是一種柔力，黏敵之體，化敵之力，控敵之勢，尋機發打。這種黏力蘊於招招式式之中。

拗：是對人體力學的巧妙運用，形成作用力相反、打擊力相同的合力。主要用腿腳埋敵之根，拳臂擊敵之身，上下齊動，手腳併發。有拗打、拗摔、上步拗、退步拗、斜身拗、左右拗等。

頂：有頭頂、肘頂、膝頂，多近身使用，重創敵身。使用時有前後頂、左右頂、上下頂。

彈：全身應有彈簧之力，均可彈力擊人。局部講主要用於腳之彈踢，有彈、蹬、搓、鑔、踹、躥等。

攦：是一種巧力的運用，借敵之力，打敵之身，借力打

力。多使用於雙掌臂，用於後發制人。

挎：有拳挎、臂挎、腿腳挎等。使用時有橫挎和豎挎，橫挎破敵直進之力，豎挎借敵之力而打之。

撣：主要用於手掌。使用時有上下撣、左右撣、前後撣等。可單手使用，亦可雙手同用。

提：有提膝、提腳、提肘、提拳、提肩等。多貼身使用。

撩：有拳撩、掌撩、勾撩、腿腳撩。多撩敵身之要害部位。

纏：主要用之於手臂、腿腳，有纏捋、纏擰、纏卷、纏拿等。

擊：全身所有用法均可稱擊。這裡主要指拳和掌的各種擊打，有直擊、橫擊、擺擊、砸擊、拋擊等。

托：有推托、撩托、架托、挑托等。多用於掌臂和腿腳。

攔：攔敵之力，禦敵之勢，破敵之攻，攔中有攻，攔而擊之。有掛攔、撥攔、架攔、挑攔、挎攔等。

這十五字技法要訣，蘊涵於實戰技擊的自始至終。運用時可單訣使用，更多為多訣合用，不重一拳一腳之力，而重全身整體之力。只有將十五字訣融會貫通，諸訣互用，才能產生最佳之打擊力。

第三節　虛實變化的原則

迷蹤拳實戰技法之奧妙，全在於變化，正所謂「隨機應變，變化莫測」。這變化在實戰中應用時，忽高忽低、忽上忽下、忽左忽右、忽前忽後、忽進忽退、忽快忽慢、忽急忽緩、忽拳忽腳、忽肩忽臀、忽肘忽膝、忽直忽橫、忽橫忽擺等等。

所有這些，無不體現迷蹤拳拳法變化之理，掌握了這些變化之法，實戰搏擊中才能常勝不敗。

虛實變化是迷蹤拳拳法變化的主要體現，實戰交手時無時無處無不體現虛實變化的原則。

所謂虛實，就是拳術技法在技擊實戰中虛虛實實、真真假假的用法。

具體說來，手有虛實，腳亦有虛實，勁力有虛實，招式也有虛實，一時一處均有虛實，時時處處皆有虛實。全身的重心在腰胯，腰胯的虛實決定全身的虛實，身體重心在哪裡，哪裡就為實。

拳掌在發力擊出時，是由合到開，由屈到伸，是由虛而實；擊出回收，是由開到合，由實到虛。雙拳連擊時，前手拳可虛，後手拳可實。

虛和實是互相變化的，而且這種變化貫穿於拳術技法的自始至終。雙拳連擊時，前手拳可實又可虛，擊中了為實，

擊不中為虛；後手拳還可由虛變為實。

　　拳腳連擊時，拳可實可虛，擊中了為實，擊不中為虛；腳可以由虛變為實。虛中有實，實中有虛，虛可變實，實可變虛。虛實變化，隨心所欲，方謂虛實。

　　習練迷蹤拳善於運用虛實變化之法者，思維敏捷、頭腦反應快，往往以虛假迷惑對方，而以實真擊打之。這種擊打之法易於奏效，這也是迷蹤拳實戰技法的主要特色。

第四節　攻守合一的原則

攻守合一是迷蹤拳實戰技法的又一個重要原則。任何實戰搏擊，都離不開進攻和防守這兩種形式。攻，是指得機進攻，主動發打，在一定意義上又可理解為「剛」，主要表現是外力的運用，多用於先發制人。守，是指守衛，在一定意義上又可理解為「柔」，是走化，是積極的防守，防中帶攻，多用於後發制人。

迷蹤拳是內外兼修的拳種，實戰技法講究攻守合一。攻守合一的原則在實際運用時要求做到「五個同時」，即

①攻擊與防守同時，進攻的同時必須注意防守，攻中有守。

②防守與進攻同時，防守的目的是為了進攻，所以，防守的同時必須進攻，防攻並舉。

③攔截與擊打同時，邊攔截對方的拳腳邊反擊，有時攔截的本身就是反擊，攔中寓攻。

④迎架與擊打同時，迎攻並舉，邊迎邊攻，迎著對方進攻的拳腳反擊。

⑤躲閃與擊打同時，躲閃反擊是很有效的反擊方法，正如拳諺所云：「不招不架只是一下。」

攻和守不可偏缺，有機結合才是完整的統一。正所謂：打即顧，顧即打，進即閃，閃即進，發手便是處。

第五節　攻守要害的原則

　　迷蹤拳攻守要害原則的含義是：在與敵交手時，要擊打敵人的要害之處，同時守住自己的要害部位不受打擊。其基本的打法是「唯害不擊，唯快不進，唯狠不打」。再具體一點，就是擊必要害，出手必快，擊打必狠。正如拳諺所云：「惡多善少，狠毒贏人」「當場不讓步，出手不留情」。迷蹤拳傳統的技法有「四打」「四不打」之說。

　　四打是：一打眼、鼻、喉、耳（耳根）、腦（後腦）；二打胸、腹、軟肋、腰（後腰眼）；三打陰襠最有效；四打膝蓋、小腿（迎面骨）、腳（腳面）。這十二個部位是人體要害所在，一旦狠擊，非死必殘。尤其講究上打眼睛下打陰，最易奏效。

　　四不打是：打不著不打，打不中要害不打，打不殘不打，打不死不打。也就是說，打必打中，拳出不空，能擊中要害就不擊別的部位，能打殘就不輕打，能打死就不打殘。搏殺中，還要時時注意保住自己的要害部位不受擊打，只要保住要害處不受侵犯，即使是別的部位受到一些擊打也無關勝負。

　　以上講的是與敵人的搏殺，若與拳友切磋，則另當別論，點到為止。

迷蹤拳
實戰技法基本功夫習練法

第一節　意練習練法

一、何謂意念習練法

意念習練法，是迷蹤拳秘不輕傳的功法，其基本的含義是：無論是套路練習，還是實戰技法基本功夫習練，均可在形體靜止不動的狀態下，運用大腦意識進行習練。在形體上可採用站樁、坐立、躺臥的姿勢。無論採用哪種姿勢，都要鬆靜自然，形鬆意緊，重意不重形。

意念習練的效果如何，不在於採用哪種姿勢和時間的長短，關鍵在於意念的真實，貴在得法、有恆。做到了這些，定會收到驚人的效果。

二、意念習練法的練習方法

意念習練法的具體練習方法有數種，在這裡主要介紹以下三種：

1.招式習練法

這種方法在習練時，可採用上述所講站、坐、臥任何一種姿勢。想像中把自己習練法的套路中的招式作為技擊實戰

來練習，無論是進攻或防守，一招一式、一舉一動，都要想像得真切，意念一定要集中，絲毫不能馬虎。

2.交手習練法

運用這種方法習練時，形體上要求同上，假想有一名或數名強悍之敵向你進擊，你用平時所學練之拳術招式做出反擊。或者，假設與「敵人」進行實戰擊打攻防。所有這一切，一定要有真實感，虛中求實，無人似有人。

3.憤恨習練法

採用這種習練之法，主要是增強習者的憤恨心理，增加打擊的力量。習練時，可想像壞人在殺人、搶劫，無惡不做，其中包括在謾罵你，甚至企圖殺害你等等。在頭腦中反覆想，以至越想越恨，恨不得一拳把這壞人打死。於是，就以這可恨的壞人為靶子進行擊打練習。

長此練習，可增強習練者的搏殺心理，一旦到真正與壞人動手時，會有超常的力量。

第二節　單人習練法

單人習練法有空擊和實擊兩種方法。

一、空擊法

空擊法，指擊空練習的方法。迷蹤拳空擊練習，依據的是「全身為法」的原則，全身各主要部位均可進行空擊練習。

1.頭擊習練法

（1）抵擊

習練方法

①左腳在前站立，兩手自然下垂至身體兩側，目視前方（圖1）。

②頭頂部位突然向前頂撞抵擊（圖2）。

【要點】抵撞時要蹬足，上身配合前傾，運全身之力於頭頂部位。

圖1

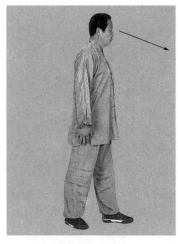

圖2　　　　　　　　　　　　圖3

（2）磕擊

磕擊是頭擊中最常用的技
法，有前、後磕擊兩種習練
法。

前磕擊習練法

①成左前式站立，兩手自
然下貼於身體兩側。目視前方
（圖3）。

②用頭額部位向前、向下
磕擊（圖4）。

【要點】磕擊時上身配合
前傾下伏，右腿蹬足，左腳下
踩，力集頭額。

圖4

圖5

圖6

後磕擊習練法

①左腳在前或雙腳併步站立，兩手下垂至身體兩側。目視前方（圖5）。

②用頭頂後部向後磕擊（圖6）。

【要點】上身配合後仰，動作要快，用力要猛。

（3）搖擊

習練方法

①雙腳平行站立，與肩同寬，雙手下貼至身體兩側。目視前方（圖7）。

圖7

圖8　　　　　　　　圖9

②頭部向左、向右旋轉搖擊（圖8、9）。

【要點】要擰身旋頭，運用身體整體之力。

頭擊中還有揹擊、揸擊、撞擊等方法，習者可自思練之。

2.肩擊習練法

（1）前抗擊

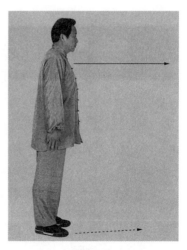

圖10

習練方法

①雙腳併步站立，兩手自然下垂至身體兩側。目視前方（圖10）。

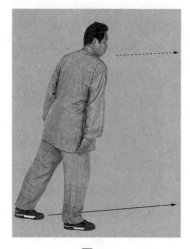

圖 11

圖 12

②右腳向前邁一步落地，膝微屈。同時，身體跟進，上身前傾，用右肩向前抗擊。目視前方（圖11）。

③左腳從身後向前邁一步落地，左肩抗擊的動作同右肩（圖12）。

【要點】上步、肩抗擊要同時，肩抗擊要用身體整體彈勁。

（2）後依擊

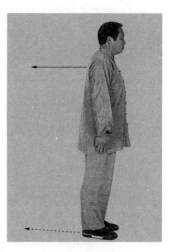

圖 13

習練方法

①雙腳併步站立，兩手自然下垂至身體兩側。目視前方（圖13）。

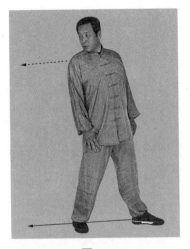

圖 14

圖 15

②右腳向後退一步落地，身體微右轉，上身後仰，用右肩向後依擊。頭向右後轉，目視後方（圖14）。

③左腳向後退一步落地，身體左轉，左肩後依擊的動作同右肩（圖15）。

【要點】退步、轉身、肩依擊要同時進行。

（3）側靠擊

圖 16

習練方法

①雙腳併步站立，兩腳間距離約 10 公分，雙手下貼至身體兩側。目視前方（圖16）。

圖 17

圖 17　正面

②右腳向右跨一步，右腿屈膝，左腿伸直。上身右傾，用右肩向右靠擊。頭右轉，目視右方（圖 17）。

③左肩向左靠擊的動作同右肩（圖 18）。

【要點】靠擊要用身體整體之彈勁。靠擊與跨步動作要協調一致。

肩擊中還有負擊、撅擊等。可自悟習之。

圖 18

3.肘擊習練法

迷蹤拳技法中有「遠拳、近肘、貼身靠」之說。肘擊是

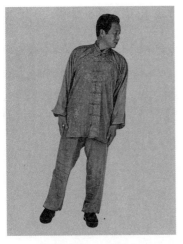

圖 18　正面

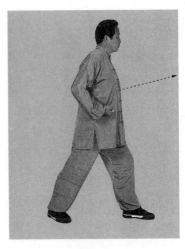

圖 19

殺傷力很強的技法，一般是近距離使用。習練法主要有——

（1）頂肘

習練方法

固定步前後頂肘

①左腳在前站立，雙手握拳屈肘貼抱於兩腰間。目視前方（圖 19）。

②用左肘肘尖向前猛力頂擊。目隨肘行（圖 20）。

③前頂之後，可不停，用肘尖向身後頂擊。目隨肘行（圖 21）。

圖 20

圖 21

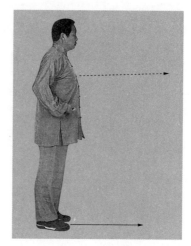

圖 22

可前後連續反覆練習。
右肘亦同。

【要點】上身要配合前
後晃動。頂肘要用全身整體
之力。

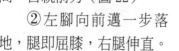

① 雙腳併步站立，雙手
握拳，雙臂屈肘貼靠至兩腰
間。目視前方（圖 22）。

② 左腳向前邁一步落
地，腿即屈膝，右腿伸直。

圖 23

同時，左肘尖向前頂擊。目隨肘行（圖 23）。

③ 右腳向前邁一步落地，右腿屈膝，左腿蹬直。同時，

圖24

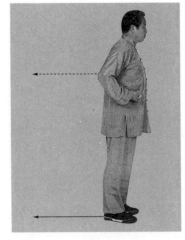
圖25

右肘尖向前頂擊，左肘收回至左腰間。目隨右肘尖（圖24）。

左右肘可反覆練習。

【要點】上步和頂肘要協調一致。頂肘要快，用力要猛，幅度要儘量放大。

活步後頂肘

①雙腳併步站立，雙手握拳，雙臂屈肘抱於兩腰間。目視前方（圖25）。

②左腳後退一步落地，身體左轉，左肘尖向後頂擊。目隨肘行（圖26）。

圖26

圖 27

圖 28

③身體右轉，右腳後退一步落地，右肘尖向後頂擊，左肘收回至左腰間。目隨右肘（圖 27）。

左右肘可反覆練習。

【要點】退步、轉身、頂肘要同時進行，頂肘要快速有力。

（2）搗肘

習練方法

固定步左右搗肘

①雙腳平行站立，兩腳間隔約 30 公分。雙手握拳，雙臂屈肘貼放於腰腹前。目視前方（圖 28）。

②用左肘尖向左搗擊，上身向左傾斜。目隨肘尖（圖 29）。

圖 29

圖 29　正面

圖 30

圖 30　正面

③右肘尖向右搗擊，同時上身向右傾斜，左肘自然擺收
至左腹前。目視右肘尖（圖 30）。

可左右反覆練習。

【要點】上身要配合搗肘左右擺動，要集全身之力於肘尖。

上步搗肘

①雙腳併步站立，兩手自然下貼於身體兩側。目視前方（圖31）。

②右腳向前邁一步落地，身體左轉，同時左手成掌向前、向左抄捋後變拳屈肘收抱至左腰間，右手變拳屈肘用肘尖向右搗擊，雙腿屈膝成馬步。目視右肘尖（圖32）。

③右拳變掌向右、向後抄捋後仍變拳收回至右腰間，同時，身體右後轉，左腳向左上一步落地，雙腿屈膝成馬步，用左肘尖向左搗擊。目視左肘尖（圖33）。

左右肘可反覆練習。

圖31

圖32

圖 33

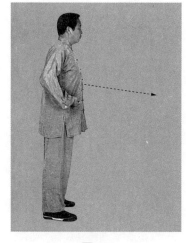

圖 34

【要點】上步、轉身、抄
捋、搞肘要協調連貫，成為一
體。搞肘要用彈抖勁。

（3）砸肘

習練方法

固定步砸肘

①雙腳平行站立，兩腳間
隔約 30 公分。雙手握拳，臂
屈肘貼靠至兩腰間。目視前方
（圖 34）。

圖 35

②用左肘尖向前、向下砸擊，上身前傾、下伏並右轉。
目視左肘尖（圖 35）。

圖36

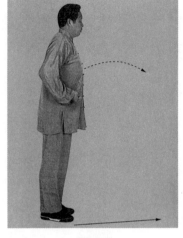
圖37

③用右肘尖向前、向下砸擊，上身前傾、下伏並左轉，左肘收回至左腰間。目隨右肘（圖36）。

左右肘反覆練習。

【要點】上身要做好前傾、下伏的配合。砸肘要注意運用全身之力。

活步砸肘

①雙腳併步站立，雙手握拳屈肘抱於兩腰間。目視前方（圖37）。

②左腳向前邁一步落地，左腿屈膝，右腿伸直。與此同時，左肘尖向上、向前、向下弧形砸擊。目隨左肘（圖38）。

③右腳向前邁一步落地，腿即屈膝，左腿伸直。右肘尖同時向上、向前、向下弧形砸擊，左肘收回左腰間。目隨右

圖38　　　　　　　　　　　　圖39

肘（圖39）。

左右肘反覆砸擊練習。

【要點】上前、進身、砸肘要同時進行。砸肘要迅猛有力。

（4）挑肘

習練方法

固定步挑肘

①雙腳平行站立，兩腳間隔約30公分。雙拳屈肘收抱兩腰間，拳眼朝上。目視前方（圖40）。

②左肘尖向前、向上猛力挑擊，上身向右擰轉。目隨左肘（圖41）。

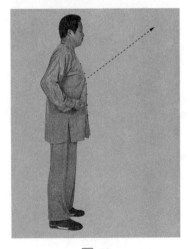

圖40

圖41

③上身向左擰轉，右肘尖向前、向上挑擊，左肘向下收回左腰間。目隨右肘（圖42）。

左右肘反覆練習。

【要點】上挑肘幅度要大，用力要猛，上身擰轉要配合好。

活步挑肘

①雙腳併步站立，雙拳屈肘收抱於兩腰間，拳眼朝上。目視前方（圖43）。

圖42

②左腳向前邁一步落地，腿即屈膝，右腿伸直。同時，

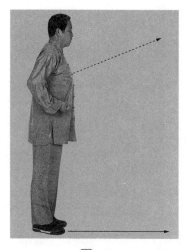

圖 43

圖 44

左肘用肘尖向前、向上挑擊。
目隨左肘（圖44）。

　③右腳向前邁一步落地，
右腿屈膝，左腿伸直。與右腳
前邁同時，右肘用肘尖向前、
向上挑擊，左肘收回左腰間。
目隨右肘（圖45）。

　左右肘反覆練習。

　【要點】上步的同時挑
肘。挑肘要用彈抖之勁，要
快，要猛。

圖 45

（5）掃肘

習練方法

固定步掃肘

①雙腳平行站立，兩腳間隔約 30 公分，雙拳屈肘收抱於兩腰間，拳眼朝上。目視前方（圖 46）。

②左肘臂內旋用肘尖向上、向前、向右掃擊，上身向右擰轉，目隨左肘（圖 47）。

③上身向左擰轉，右臂內旋用肘尖向上、向前、向左掃擊，左肘收回左腰間。目隨右肘（圖 48）。

左右肘反覆練習。

【要點】掃肘時要蹬足、擰腰、轉挎，使用身體整體力量。

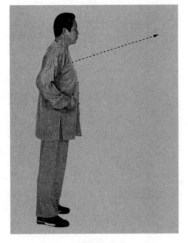

圖 46

圖 47

圖48

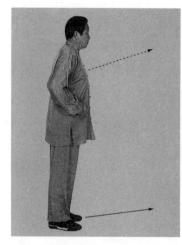

圖49

活步掃肘

①雙腳併步站立，雙拳屈肘抱於兩腰間，拳眼朝上。目視前方（圖49）。

②左腳向前邁一步落地，腿即屈膝，右腿伸直。左肘臂內旋向上、向前、向右掃擊，上身向右擰轉。目隨左肘（圖50）。

圖50

③右腳從身後向前邁一步落地，右腿屈膝，左腿伸直。同時，右肘臂內旋向上、向前、向左掃擊，上身向左擰轉。

目隨右肘（圖51）。

左右式可反覆練習。

【要點】掃肘與上步要同時進行。掃肘時要擰身、轉胯、蹬足，要快速有力。

4.拳擊習練法

用拳擊打，是實戰技法中使用最多的技法。習練方法主要有：

（1）直擊

習練方法

固定步直擊

①身體成左前式站立。目視前方（圖52）。

圖51　　　　　　　圖52

②上身前傾並微右轉，左拳向前直擊，肘微屈，拳眼朝上。目隨左拳（圖53）。

③右拳向前猛力直擊，上身前傾微左轉。左拳屈肘收回左腰間，雙拳眼均朝上。目隨右拳（圖54）。

左右拳可反覆練習。

【要點】擊拳時要蹬足、進身，集全身之力於拳上。拳擊出臂不可完全伸直，肘要稍屈。

圖53

活步直擊

①身體成左前式站立。目視前方（圖55）。

圖54

圖55

圖56　　　　　　　　　圖57

②左腳向前邁半步落地，左腿屈膝，右腿蹬直。同時，左拳向前直擊，肘微屈，拳眼朝上，上身前傾。目隨左拳（圖56）。

③右腳從身後向前邁一步落地，腿即屈膝，左腿伸直。右拳同時向前直擊，肘微屈，拳眼朝上，上身前傾。目隨右拳（圖57）。

左右式可反覆練習。

【要點】上步和擊拳要同時進行，擊拳的同時前腳要下踩，後腳蹬地後可前滑。

活步雙掌直擊

①身體成左前式站立，雙掌屈肘立於胸前。目視前方（圖58）。

圖 58

圖 59

②左腳向前邁半步落地，腿即屈膝，右腿伸直。與左腳前邁步的同時，雙掌向前直擊，肘微屈，力在掌根。目隨雙掌（圖 59）。

③右腳向前邁一步落地，右腿屈膝，左腿伸直。同時，雙掌回收至胸前後再向前猛力推出，肘微屈，力在掌根。目隨雙掌（圖 60）。

左右式可反覆練習。

【要點】擊掌、上步二者要同時進行，同時前腳還要配合下踩。

圖 60

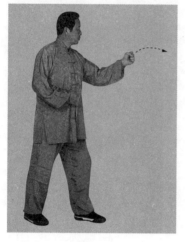 

圖 61　　　　　　　　　圖 62

（2）橫擊

習練方法

固定步橫擊

①身體成左前式站立。目視前方（圖61）。

②左拳向左、向前、向右貫擊，拳心朝下。目隨左拳（圖62）。

③右拳向右、向前、向左用拳眼橫打貫擊，拳心朝下，左拳擺回左腰間。目隨右拳（圖63）。

左右拳可反覆橫擊練習。

【要點】橫拳貫擊時要蹬足擰身，以身催臂，以臂催拳，力達拳眼。

圖63

圖64

活步橫擊

①成左前式站立。目視前方（圖64）。

②左腳向前邁半步，身體跟進，左拳臂內旋向左、向前、向右橫擊，拳心朝下，肘微屈。目隨左拳（圖65）。

圖65

③右腳由身後向前邁一步落地，雙腿微屈膝。上身跟進前傾，右拳用拳眼向右、向前、向左橫擊，肘微屈，拳心朝下。目隨右拳（圖66）。

圖66

圖67

【要點】拳橫擊與上步要同時進行。橫擊時要擰腰轉身，運用身體整體之力。

（3）擺擊

習練方法

固定步擺擊

①身體成左前式或雙腳平行站立。目視前方（圖67）。

②左拳臂外旋，用拳面向前、向上擺擊，肘微屈，拳心朝後，上身前傾右擰。目隨左拳（圖68）。

③右拳臂外旋，用拳面向前、向上擺擊，肘微屈，拳心

圖68

圖 69

圖 70

朝後，上身前傾左轉。左拳收回左腰間。目視右拳（圖69）。

【要點】拳向前擺擊時要蹬足擰身，注意運用全身之力。

活步擺擊

①身體成左前式站立。目視前方（圖70）。

②左腳向前邁半步落地，腿即屈膝，右腿伸直。

圖 71

同時，左拳臂外旋，用拳面向前、向上擺擊，拳心朝後，肘微屈，上身前傾右轉。目隨左拳（圖71）。

③右腳從身後向前邁一步落地，腿即屈膝，左腿伸直。與此同時，右拳臂外旋，用拳面向前、向上擺擊，肘微屈，拳心朝後，上身左轉前傾。左拳收回左腰間。目隨右拳（圖72）。

【要點】上步、進身、擺擊三個動作要連貫一體，不可間斷，注意用身體整體力量。

圖72

（4）砸擊

習練方法

固定步砸擊

①雙腳左前式或平行站立，雙拳自然下垂於身體兩側。目視前方（圖73）。

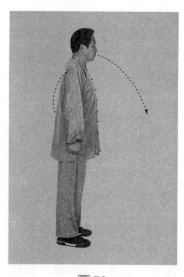

圖73

②左拳向上、向前、向下劈砸，肘微屈，拳眼朝上，右拳擺至身體右後下方。目隨左拳（圖74）。

圖74

③右拳向上、向前、向下劈砸，臂微屈，拳眼朝上，左拳擺至身體左後下方。目隨右拳（圖75）。

左右拳可反覆練習。

【要點】砸拳時上身要前傾擰轉，運用身體整體力量。

圖75

活步砸拳

①雙腳併步站立，雙拳自然下垂於身體兩側。目視前方（圖76）。

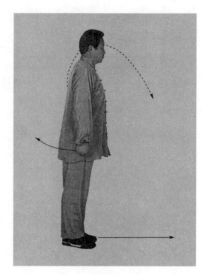

圖76

②左拳向上、向前、向下劈砸，肘微屈，拳眼朝上。同時，左腳向前邁一步落地，雙腿微屈膝，右拳後擺至身體右後下方。目隨左拳（圖77）。

圖77

③右腳向前邁一步落地，右拳向上、向前、向下劈砸，肘微屈，拳眼朝上，左拳向下、向後擺落至身體左後下方。目隨右拳（圖78）。

左右式反覆練習。

【要點】劈砸拳要走弧形，用鞭勁。同時，要與腳的前邁步、下踩同時進行。

圖78

(5) 拋擊

習練方法

固定步拋擊

①身體成左前式站立。目視前方（圖79）。

圖79

②左拳臂外旋，向上、
向前、向左拋擊，拳心斜朝
後上。上身微前傾左轉。目
隨左拳（圖80）。

圖80

③右拳向上、向前、向
右拋擊，拳心斜朝後上。上
身微前傾右轉，左拳向下擺
落至左腰間。目隨右拳（圖
81）。

左右拳可反覆練習。

【要點】拋擊時要蹬
足、擰身、轉胯，用全身之
力。

圖81

活步拋擊

① 身體成左前式站立。目視前方（圖82）。

圖82

② 左腳向前邁半步落地，左腿屈膝，右腿伸直。同時，左拳臂外旋，向前、向上、向左拋擊，肘微屈，拳心斜朝後上。目隨左拳（圖83）。

圖83

③右腳向前邁一步落地，腿即屈膝，左腿伸直。隨右腳前上步，右拳臂外旋，向上、向前、向右拋擊，肘微屈，拳心斜朝後上，左拳向後收回左腰間。目隨右拳（圖84）。

【要點】左右拳可反覆練習。拋拳要走弧形，要與上步下踩、擰身成為一體，同時進行。

圖84

5.臀擊習練法

用臀部發力擊人是不可忽視的技法，在貼身擊打中往往能發揮出人意料的威力。

（1）甩擊

習練方法

①雙腳平行站立，兩腳間隔約30公分，兩手自然下垂於身體兩側。目視前方（圖85）。

圖85

②億用左臀部猛力向左甩擊。目視左方（圖86）。

③用右臀部猛力向右甩擊。目視右方（圖87）。

圖86

圖86　正面

圖87

圖87　正面

【要點】可左右反覆甩擊練習。甩擊時雙胯要儘量放大幅度，要用全身整體之力。

（2）撅擊

習練方法

①雙腳平行站立，左右間隔約 30 公分，雙手自然下垂於身體兩側，雙腿微屈膝。目視前方（圖88）。

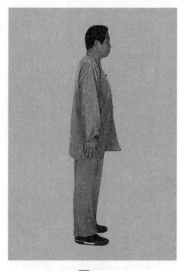

圖88

②臀部用力向後撅擊，上身前伏。目視前方（圖89）。

【要點】撅擊要突然快速，要用爆發力。

臀擊法中還有騎、坐、晃等。可自悟習之。

圖89

6. 膝擊習練法

用膝擊人是一種凶狠、殺傷力很強的技法，在近擊中發揮的威力最明顯。

（1）提擊

習練方法

固定步提擊

①雙腳併步站立，兩手自然下垂於身體兩側。目視前方（圖90）。

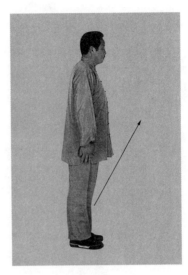

圖90

②右腳站穩，左腿屈膝猛力上提，腳尖朝下。目視前方（圖91）。

圖91

③左腳落地站穩，右腿
屈膝用膝尖猛力向上提頂，
腳尖朝下。目視前方（圖
92）。

左右膝可反覆上提練
習。

【要點】提膝要迅猛有
力，儘量提高。

圖92

活步提擊

①雙腳併步站立，兩手
自然下垂於身體兩側。目視
前方（圖93）。

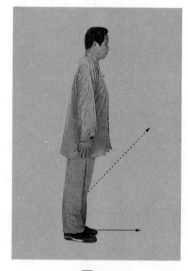

圖93

②左腳向前邁一步，在左腳落地的同時，身體跟進，右腿屈膝用膝尖猛力上提，腳尖朝下。目視前方（圖 94）。

圖 94

③右腳向前落地，同時，身體跟進，左腿屈膝用膝尖猛力上提，腳尖朝下。目視前方（圖 95）。

左右腳反覆練習。

【要點】前腳落地與後腿提膝要連貫，提膝要快、要猛、要有力，要儘量提高。

圖 95

（2）擁擊

習練方法

①雙腳併步站立，兩手自然下落於身體兩側。目視前方（圖96）。

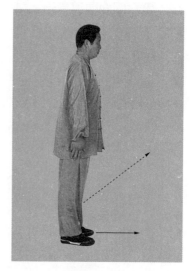

圖96

②左腳向前邁一步落地，腳即站穩，身體跟進，右腿屈膝用膝尖向前擁擊，腳尖朝下。目視前方（圖97）。

圖97

③右腳向前落地，即站穩，左腿屈膝用膝尖向前擁擊，腳尖朝下。目視前方（圖98）。

左右式可反覆練習。

【要點】膝前擁擊幅度儘量放大，要快速有力。擁擊與上步協調一致，不可脫節。

膝擊中還有點、跪、騰等。可自悟習之。

圖98

7. 腳擊習練法

腳擊是迷蹤拳技法中使用廣、難度大、擊效明的打法。必須經過嚴格艱苦的習練，才能得心應手，運用自如。

（1）彈

習練方法

①雙腳併步站立，兩手下落於身體兩側。目視前方（圖99）。

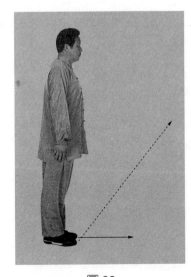

圖99

②左腳向前邁一步，
在左腳落地的同時，身體
跟進，右腿提起，右腳向
前彈踢，腿伸直，腳面繃
平，力達腳尖。目隨右腳
（圖100）。

圖100

③右腳向前彈踢畢屈
膝回收後，向前落地，同
時，身體跟進，左腿提
起，左腳向前彈踢，腿伸
直，力達腳尖。目隨左腳
（圖101）。

　左右腳反覆練習。

【要點】前腳落地與
後腳彈踢要連貫，彈踢時
要收胯，先提大腿後彈
腳。腳彈出後要快速屈膝
收回。

圖101

（2）蹬

習練方法

①雙腳併步站立，兩手自然下落於身體兩側。目視前方（圖102）。

圖 102

②右腳向前邁一步落地，即站穩，同時，身體跟進，左腿提起，左腳向前蹬踹，腿伸直，腳尖勾起，力在腳跟。目視左腳（圖103）。

圖 103

③左腳蹬踹畢屈膝回收後向前落地，即站穩，身體跟進，右腿提起，右腳向前蹬踹，腳尖勾起，力在腳跟，腿伸直。目視前方（圖104）。

左右腳可反覆練習。

【要點】前腳落地、身體跟進、後腳蹬踹要協調一致。蹬踹時要先提大腿，要快速有力。

圖104

（3）踹

習練方法

①雙腳併步站立，兩手自然下垂於身體兩側。目視前方（圖105）。

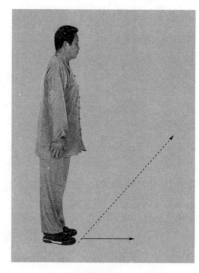

圖105

②左腳向前邁半步落地，身體左轉，右腿提起，右腳向右踹擊，上身左傾。雙手成掌，左掌屈肘平放至左胸前，右掌橫掌向右撐出，掌心均朝下。目隨右腳（圖106）。

圖 106

③右腳落地，身體右轉，左腿提起，左腳向左踹擊，力在腳跟，上身右傾。雙手成掌，右掌屈肘平放至右胸前，左掌橫掌向左撐出。目隨左腳（圖107）。

左右腳反覆練習。

【要點】上步、轉身、踹擊三個動作要連貫，不可間斷。提胯、轉身要疾，踹擊要快速有力，並速踹快收。

圖 107

（4）蹽

習練方法

① 雙腳併
步站立，兩掌自
然下貼於身體兩
側。目視前方
（圖108）。

② 左腳站
穩，右腳直腿向
後蹽擊，腳尖朝
下，力在腳跟。

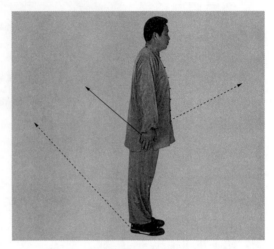

圖108

上身前伏，右掌隨腿向後甩撩，左掌直臂向前甩撩。目視右
腳（圖109）。

圖109

③ 右腳落地，左腳直腿向後蹽擊，腳尖朝下，力在腳跟。左掌直臂向後甩撩，右掌向下、向前甩撩。目視左腳（圖110）。

圖110

左右腳反覆練習。

【要點】腳蹽擊要快、要猛。蹽腳、向前伏身、甩掌要協調連貫。

(5) 勾

習練方法

① 左腳在前站立，兩手自然下落於身體兩側。目視前方（圖111）。

圖111

②左腳站穩，微屈膝，右腳由身後向前、向左勾踢，腳尖左勾，朝左上。目隨右腳（圖112）。

圖112

③右腳腳尖擺正落地，膝微屈，左腳由身後向前、向右勾踢，腳尖斜朝右後上。目視左腳（圖113）。

右左腳可反覆練習。

【要點】勾踢時要提胯擰身，催動腿腳。勾踢腳離地不要太高，約15公分。

圖113

（6）搓

習練方法

①身體成左前式站立，兩手下落於身體兩側。目視前方（圖114）。

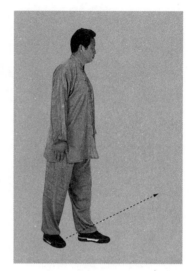

圖114

②左腳站穩，膝微屈，右腳由身後向前用腳跟擦地搓蹧後離地約10公分，腳尖斜朝右上，腿伸直。目隨右腳（圖115）。

圖115

③右腳腳尖左擺正後落地，左腳由身後向前用腳跟擦地搓踹後離地約 10 公分，腳尖斜朝左上。目隨左腳（圖116）。

右左腳可反覆練習。

【要點】搓踹腳時先提胯進身，以身催帶腿腳。搓踹要快速有力。

腳擊習練中還有掃、踩、蹶、擺等。可自悟習之。

空擊法習練，除了以上身

圖116

體各主要部位單式練習外，還可進行招式的攻防練習，特別是「十五字訣」技法習練。可自揣悟練之。

二、實擊法

實擊法，就是擊打實物的習練方法。迷蹤拳傳統的擊打實物練習法比較多，在這裡僅介紹主要的幾種：

1. 打千層紙

製作和習練方法

用面積適當、厚度適量的軟紙訂成本子掛在牆上進行擊打。擊打時可採用固定步和活步兩種方法，用拳或掌均可。按傳統說法，擊打紙層軟中有硬，打碎了換新的再打，若打碎了一千層紙，功夫就到家了。現在科技發展了，可用先進

的原料代替紙。但這種傳統的習練方法相當簡便有效，習者不妨一試。

2. 打沙袋

傳統的沙袋製作方法

在麻袋裡裝上適量的沙子和鋸末，吊於屋內外進行擊打。現在製作沙袋的原料和方法豐富了許多，可自製和購置吊於適宜之地進行擊打練習。擊打時既可採用固定步，又可採用活步；既可用拳腳擊打，又可用肩、肘、臀、膝等部位擊打。透過練習，全面提升實戰能力。

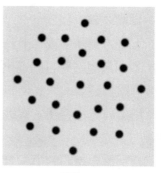

圖117

3.打單木人樁

製作和習練方法

用粗細、高低適當的木頭作成形似人的木樁（越形象越好），底部埋於地下進行擊打。

擊打方法

一是固定步、活步，以拳腳及身體主要部位任意擊打練習；二是可編排好套路進行擊打練習。

4.打群木人樁陣

製作方法

用粗細、長短適中的木樁25根，按八卦方位於適宜地方埋成木樁陣（圖117）。

習練方法

①在木樁陣中按「十五字訣」的要求任意擊打練習。

②可制定好擊打的進出路線、方法要求，按路線方法要求進行擊打練習。

用這種方法習練，實戰能力，特別是群戰能力會迅速提高。

特別需要說明的是：上述習練法無論採用哪一種，都要把「物」當成是活生生的頑敵，一拳一腳都是與頑敵進行殊死搏殺，如果你不能消滅他，那麼，他就會消滅你。所以，你要全力一搏，務求必勝。要始終用這種必勝的意念指導習練，這就是千古不傳之秘。

第三節　雙人習練法

雙人習練，較之單人習練無論從臨陣實戰感和實戰應變感等方面均上升了一步。必須認真習練之。

一、定步習練法

1. 纏腕推臂練習

習練方法

①甲、乙雙方均右前式站立，右腳右前部相觸接，雙腿微屈膝。甲方右掌臂屈肘貼於腹前，掌心朝下，乙方右掌向

前抓握甲方的右掌腕，掌心朝下，左掌均自然下垂於身體左側。互視對方（圖1）。

圖1

②甲方右掌臂內旋向上、向右纏抓乙方右手腕，同時用力向前推乙方右前臂。乙方右掌隨甲方右掌纏抓慢慢鬆開，右前臂隨甲方右掌前推緩慢後移至身前。目隨右掌（圖2）。

圖2

③乙方用同樣的方
法纏推甲方右臂腕，甲
方用同樣的方法將右臂
後移至身前（圖3）。

可反覆纏推練習。
左掌臂亦同。

【要點】纏腕推臂
時身體要下沉，要蹬足
前後游身，左右腳要隨
之虛實變換，集全身之
力於臂掌之上。

圖3

2. 推掌練習

習練方法

①甲、乙雙方均左
前式站立，雙腿微屈
膝，左腳左前部相觸
接。甲方雙掌屈肘左前
右後立於胸前，掌指朝
上，掌心朝前。乙方雙
掌向前靠推甲方雙掌，
左掌推右掌，右掌推左
掌。互視對方（圖4）。

圖4

②甲方雙掌用力向前推乙方雙掌，乙方雙掌適力抗衡甲方雙掌前推，同時緩慢後移至胸前。目隨掌行（圖5）。

圖5

③乙用同樣的方法推移掌臂（圖6）。

可反覆推練之。右前式亦同。

【要點】隨推掌，身體重心前後移動，雙腳前後虛實變換，身體要下沉，要活，不要呆僵。

圖6

3.單挎臂練習

習練方法

①甲、乙雙方均右前式站立，雙腿微屈膝，右腳右前部相觸接。雙方均雙手握拳，左拳下落於身體左側。甲方右拳屈肘立於身體右前方 45°，高與肩平，拳心朝左。乙方右拳腕與甲方右拳腕相靠接。目視右拳（圖7）。

圖7

②甲方右臂腕用力向左揉挎乙方右臂腕，乙方右腕抗擊著緩慢右移，至甲方左前方 45°止。目隨拳行（圖8）。

圖8

③乙方用同樣的方法將甲方右臂腕揉挎至原來位置（圖9）。

可反覆揉挎習練之。左前式亦同。

【要點】揉挎時身體要隨之左右游動，要運用全身之力。

圖9

4.雙挎臂開合練習

習練方法

①甲、乙雙方均平行對面站立，雙腳與肩同寬。雙手握拳，甲方雙拳並伸身前，拳心相對，肘微屈。乙方雙拳腕內側靠貼於甲方雙腕外側。目視雙拳（圖10）。

圖10

②甲方雙拳腕
用力向左右開挎乙方
雙拳腕，乙方雙拳腕
適力抗擊著向左右兩
側緩慢移動，至甲方
左右前方各 45°止。
目隨拳行（圖11）。

圖 11

③乙方雙拳腕
用力向裡揉挎甲方雙
腕，甲方雙腕抗擊著
緩慢向裡移動至原位
止。目隨拳行（圖
12）。

雙方可交換反覆
練習。

【要點】要運用
全身整體之力。

圖 12

5.挑壓臂練習

習練方法

（1）單挑壓臂

① 甲、乙雙方均右前式站立，雙腿微屈膝。雙手握拳，左拳下垂於身體左側。甲方右拳放至右胯前，拳心朝上。乙方右拳腕放壓至甲方右腕上，拳心朝下。互視對方（圖13）。

圖13

② 甲方右腕用力向上挑乙方右腕，乙方右腕按壓著緩慢向上移動，至與頭高止。目隨拳行（圖14）。

圖14

③乙方右拳腕用力向下按壓甲方右腕，甲方右拳腕緩慢下落至胯前。目隨拳行（圖15）。

雙方可交換反覆練習。左前式亦同。

【要點】上身隨臂上下挑壓前後游動，要用全身整體之力。

圖15

（2）雙臂挑壓

①甲、乙均雙腳平行對面站立，與肩同寬，雙腿微屈膝。雙手握拳，甲方雙拳放至膝前，拳心朝上。乙方雙拳腕靠放至甲方雙腕上，拳心朝下。互視對方（圖16）。

圖16

②甲方雙拳腕用力向上挑托乙方雙腕，乙方雙腕適力抗擊著緩慢上抬，至與頭高止。目隨拳行（圖17）。

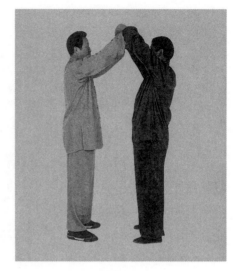

圖17

③乙方雙拳腕用力向下按壓甲方雙腕，甲方雙腕抗擊著緩慢下落至腹前止。目隨拳行（圖18）。

可交換上下反覆練習。

【要點】身體隨雙臂上下挑壓要前後擺動。

圖18

6. 靠臂練習

習練方法

（1）前臂內側靠擊

①甲、乙雙方均右前式站立，右腳尖相抵接，雙腿微屈膝。雙拳自然下落於身體兩側。互視對方（圖19）。

圖19

②甲、乙雙方均用右拳向前、向左擊打對方襠部，造成前臂內側靠擊。目隨右拳（圖20）。

圖20

③甲、乙雙方均
右拳向右、向上、向
左擊打對方臉部，造
成前臂內側靠擊。目
隨右拳（圖21）。

上下反覆靠擊練
習。

【要點】右臂靠
擊時上身要前傾，並
要配合左右擺動。

圖21

（2）前臂外側靠擊

①甲、乙雙方均
右前式站立，右腳尖
相抵接，雙腿微屈
膝。雙拳自然下落於
身體兩側。互視對方
（圖22）。

圖22

②甲、乙雙方均
右拳向左、向前、向
右用拳背擊打對方後
腰部位，造成前臂外
側靠擊。目隨右拳
（圖23）。

圖23

③甲、乙雙方均
右拳向左、向上、向
右擊打對方頭部，造
成前臂外側靠擊。目
隨右拳（圖24）。

上下反覆靠擊練
習。

【要點】靠擊時
上身要配合游動，靠
擊要由慢到快，勁力
由小到大。

圖24

(3)交叉靠擊

①甲、乙雙方均右前式站立，右腳尖相抵接，雙腿微屈膝。雙拳自然下落於身體兩側。互視對方（圖25）。

圖 25

②甲、乙雙方均右拳向前、向左擊打對方襠部，造成前臂內側靠擊。目隨右拳（圖26）。

圖 26

③甲、乙雙方均右拳向左、向上、向右擊打對方頭部，使前臂外側相靠擊。目隨右拳（圖27）。

圖27

④甲、乙雙方均右拳向左、向下、向右擊打對方腰臀部，使前臂外側相靠擊。目視對方（圖28）。

圖28

⑤甲、乙雙方均右拳向右、向上、向左擊打對方臉部，造成前臂內側靠擊。目隨右拳（圖29）。

如此交叉反覆練習。

【要點】交叉靠擊動作要協調、連貫，速度由慢到快，力量由小到大。

左前式左靠臂擊亦同。

圖29

7.躲閃練習

習練方法

（1）左右躲閃

①甲、乙雙方均左前式站立。互視對方（圖30）。

圖30

②甲方用左拳
或右拳向前直擊對方
頭部，乙方向左或向
右躲閃。目隨拳行
（圖31）。

圖31

③甲方用左右
拳連續擊打對方頭
部，乙方向左或向右
連續躲閃。目隨拳行
（圖32）。

可反覆擊閃練
習。

【要點】擊閃可
由慢到快，由單到
連，達到逐漸熟練，
真擊快閃。

圖32

（2）後躲閃

①甲、乙雙方均左前式站立。互視對方（圖33）。

圖33

②甲方用左拳或右拳橫擊乙方頭部，或用雙拳連續橫擊乙方頭部，乙方頭後仰閃之，連續閃之。目隨拳行（圖34）。

圖34

③甲方用左或右
擺拳擊打乙方下頜部
位，或用雙拳連續擺
打乙方下頜部位，乙
方急速後仰閃之，連
續閃之。目隨拳行
（圖35）。

可反覆擊閃練
習。

【要點】擊閃動
作由慢到快，由單到
連。後閃可後滑步。

右前式習練亦
同。甲、乙雙方輪換
擊閃練習。

圖35

8.迎擋練習

習練方法

（1）上崩

①甲、乙雙方均
左前式站立。互視對
方（圖36）。

圖36

②甲方用左拳或右拳向前直擊乙方頭部，乙方用左拳或前臂向上迎崩。目隨拳行（圖37）。

圖37

③甲方用雙拳連續直擊乙方頭部，乙方用雙拳連續向上迎崩。目隨拳行（圖38）。

可反覆擊迎練習。

【要點】擊迎速度由慢到快，逐漸熟練。上崩時臂要內旋，用揉滾之力。

圖38

（2）下砸

①甲、乙雙方均
成左前式站立。目視
對方（圖39）。

圖39

②甲方用左或右
拳向前直擊乙方腹
部，乙方用左拳向下
砸擊。目隨拳行（圖
40）。

圖40

③甲方用雙拳連續向前直擊乙方腹部，乙方用雙拳連續向下搕砸。目隨拳行（圖41）。

可反覆擊砸練習。

【要點】擊砸要逐漸加快速度。下砸要快速有力，可配合左右掛擊。

圖41

（3）中挎

①甲、乙雙方均左前式站立。目視對方（圖42）。

圖42

②甲方用左拳向前直擊乙方胸部，拳眼朝上。乙方左臂屈肘用前臂向左挎攔甲方左拳腕。目隨左拳（圖43）。

圖43

③甲方用雙拳連續擊打乙方胸部，乙方用左前臂向左右連續挎攔甲方雙拳腕。目隨臂行（圖44）。

可反覆擊挎練習。

【要點】乙方左前臂挎攔時要屈肘立直。挎攔要用滾揉之力，上身要配合左右擺動。

甲、乙雙方右前式亦同。雙方要輪換擊迎練習。還可進行崩、砸、挎的綜合擊迎練習。

圖44

二、活步習練法

1. 靠臂練習

習練方法

①甲、乙雙方均成
左前式站立。目視對方
（圖45）。

圖45

②甲方右腳向前上
一步落地，乙方左腳後
退一步落地，雙方均成
右前式，右腳尖相抵
接。同時，雙方右前臂
進行擊襠內側靠擊、擊
頭（右腦）外側靠擊、
擊腰外側靠擊、擊頭
（臉）內側靠擊四個動
作。目隨臂行（圖46）。

圖46

③甲方左腳前邁一步落地，乙方右腳後退一步落地，雙方均成左前式。隨即，雙方左前臂進行以上右前式的四個靠臂習練動作。目隨臂行（圖47）。

可連續往返習練之。

【要點】雙方動作要協調、連貫，逐漸加快速度和勁力，達到純熟、真實。

圖47

2.模擬攻防練習

①把以上講的空擊習練的技法和套路中的招勢進行實戰模擬練習。

②把上面講的躲閃、迎擋等與反擊結合起來練習。

習練時，甲、乙雙方互攻互防，攻中有防，防中有攻，以提高技擊實戰的能力。

3.自由搏擊練習

在空擊、突擊、閃迎擊、模擬攻防等習練的基礎上進行自由搏擊練習。習練時，以實戰為標準，運用所學練技法，進行無限制的自由搏打，進行心態、速度、力量、技巧、耐力等全面、真實的搏擊練習。經常這樣習練，實戰能力就會大大提高。

迷蹤拳
實戰技法

　　迷蹤拳實戰技法，以上面講的五條原則作指導，以「十五字訣」為精華。

　　習練迷蹤拳，若達周身似彈簧、處處能發力擊人、隨心所欲、運用自如之妙境，需要具備時間、悟性、明師指點等條件，是一個長期的修煉過程。對於初練和習練有一定基礎的人來說，還須從基礎著手，苦練基本功夫和招法，達到日見功深，逐漸純熟。

第一節　猝擊法

一、何謂猝擊法

　　猝，即突然之意；猝擊，也就是突然進擊，使對方預料不到，防不勝防。

　　猝擊多用於先發制人，主動發打。使用猝擊法進擊時有兩點必須注意：

　　一是要快速有力，疾若閃電，攻敵不備，擊敵於瞬間；

　　二是擊敵之要害部位，一擊必重創之。做到了這兩點，看似很平常的擊法，卻會產生很不平常的擊打效果。由此可見迷蹤拳「迷蹤」之一斑。

二、猝擊法的實戰用法

1. 左直拳擊口鼻

①敵我雙方均左前式站立，我雙拳抱臂，左拳在外，面無鬥意（圖1）。

圖1

②我左拳突然向前猛力直擊對方口鼻部位，拳眼朝上。目隨左拳（圖2）。

【要點】出拳要快速有力，要運用全身之力。

圖2

2.右直拳擊胸部

①敵我雙方均右
前式站立，我雙拳抱
臂，右拳在外，表情
若無其事，毫無打意
（圖3）。

圖3

②我突用右拳向
前直擊對方胸部（膻
中穴），拳眼朝上。
目視對方（圖4）。

【要點】出拳要
快，打擊要狠，擊打
部位要準。

圖4

3.左橫拳擊耳根

①敵我雙方均左
前式站立，我雙拳自
然下落於身體兩側，
表情輕漫（圖5）。

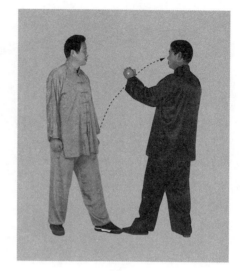

圖5

②突然，我左拳
向上、向前、向右用
拳眼貫打對方右耳根
部位，拳心朝下。目
視左拳（圖6）。

【要點】貫拳時
要蹬足、擰身、催
臂，集全身之力於左
拳上，速度要，用力
要猛。

圖6

4.右拳擺擊下頜

①敵我雙方均右
前式站立，我雙手叉
腰，面無鬥意（圖
7）。

圖7

②我右手變拳突
然向上、向前用拳面
擺打對方下頜部位，
拳心朝後。目隨右拳
（圖8）。

【要點】利用好
擺拳擊打較隱蔽之優
勢，出拳要疾，擊打
要狠，一擊必中。

圖8

5.左掌指戳眼睛

①敵我雙方均左
腳在前對面相持而
立，我雙手叉腰，敵
雙拳下垂於身體兩
側。目視敵方（圖
9）。

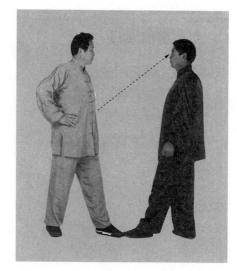

圖9

②我左掌五指併
攏，猛然向上、向前
戳擊對方的右眼，掌
心朝下。目隨掌行
（圖10）。

【要點】戳擊主
要用中指、食指、無
名指三指之力。拇指
扣指、四指併攏要
緊，速度要快，戳擊
要狠。

圖10

6.右掌指插肋

①我右腳在前站立，雙手插放兩褲口袋中，敵左前式與我對面站立。目視對方（圖11）。

圖11

②我右掌五指併攏，向前插擊對方的左肋，掌指朝前，掌心朝左。目隨右掌（圖12）。

【要點】右掌抽出口袋要突然迅速，插掌要以身催臂，以臂催掌，力在掌指。

圖12

7.左爪抓面

①敵我雙方均左前式相對站立，我雙掌抱臂，左掌在外。目視對方（圖13）。

圖13

②我左掌變爪，猛然向前、向上抓擊對方面部。目視對方面部（圖14）。

【要點】抓面動作要快、要狠，主要抓擊對方眼、鼻、口部位。

圖14

8.右掌撣摑臉

①我右前式站立，雙掌抱臂，右掌在外，敵左前式站立。目視對方（圖15）。

圖 15

②我右掌突然向左、向上、向右用掌背撣摑對方右臉部位。目隨右掌（圖16）。

【要點】掌向前要走弧形。撣擊時用勁要脆、要猛、要狠。

圖 16

9.左肘前頂胸

①敵我雙方均左前式相對站立，我雙拳抱臂，左拳在外。目視對方（圖17）。

圖17

②我左臂用肘尖向前猛力頂擊對方右胸部。同時左腳向前滑步，左腿屈膝，右腿伸直。目隨肘行（圖18）。

【要點】向前頂肘要突然、迅猛，頂肘與前滑步要同時。

圖18

10.右肘後頂胸

①我雙腳平行站立，雙拳下垂於身體兩側。敵左腳在前位於我後方，並欲出左拳擊我（圖19）。

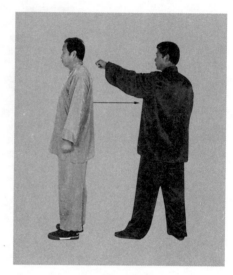

圖19

②突然，我身體右轉，右腳向右跨一步，右臂屈肘用肘尖向右頂擊對方胸部，右腿屈膝，左腿伸直。目隨右肘（圖20）。

【要點】轉身要急，跨步頂肘要迅猛。轉身、跨步、頂肘要協調、連貫。

圖20

11.左肘左搗肋

①敵我雙方平行站立，敵位於我左側，我雙拳抱臂，左拳在外，敵雙拳垂於身體兩側。目視前方（圖21）。

圖21

②我左臂突起，用肘尖向左搗擊對方右肋部位。同時，左腳向左跨步。目隨左肘（圖22）。

【要點】搗肘的同時要跨步。搗肘要用彈抖勁。

圖22

12.左拳拋擊頭

①我左前式站立，雙拳抱臂，左拳在外，敵右前式站立。目視對方（圖23）。

圖23

②我左拳猛然向前、向左、向上用拳背拋擊對方左臉部位。目隨左拳（圖24）。

【要點】出拳拋擊要走弧形，發力要脆，擊打要狠。

圖24

13.右拳撩打襠

(1)前撩打襠

①敵我雙方均右前式站立，我雙拳自然下垂於身體兩側。目視對方（圖25）。

圖25

②我右拳突然向前撩打對方襠部，拳眼朝上。同時，雙腳向前上步，雙腿微屈膝，上身前傾。目隨右拳（圖26）。

【要點】撩拳的同時上步進身。撩打速度要快、要準、要狠，一擊必重創之。

圖26

（２）後撩打襠

①我、敵前後站立，我雙拳下垂於身體兩側，敵位於我身後左前式站立，並欲出左拳擊我（圖27）。

圖27

②我身體突然右轉，右腳向右跨步，同時用右拳向右擊打對方襠部。目視對方（圖28）。

【要點】撩打襠的同時跨步，身體要下蹲右傾。

圖28

14. 左腳彈踢襠

①敵我雙方均左前式站立，我雙手叉腰。目視對方（圖29）。

圖 29

②我突起左腳向前彈踢對方襠部，腿伸直，腳背繃平，力達腳尖。目隨左腳（圖30）。

【要點】起腳要猛然快速，彈踢要狠。彈踢後腳速收回，以備再戰。

圖 30

15.右腳蹬膝

①敵我雙方均右
前式相對站立，我雙
手抱臂。目視對方
（圖31）。

圖31

②突然間，我提
右腿用右腳向前蹬踹
對方右腿膝蓋，腿伸
直，腳尖朝上，力在
腳跟。目隨右腳（圖
32）。

【要點】起腳要
快，蹬膝要狠，要用
全身之力。右腳蹬出
後回收要迅速。

圖32

16. 左腳側踹胯

①敵我雙方平行站立，我位於對方右側，雙手叉腰，表情輕漫。目視對方（圖33）。

圖 33

②我突起左腿用左腳向左踹擊對方右胯，腳尖勾起，力在腳跟，上身右傾。目隨左腳（圖34）。

【要點】起腿要快，踹擊要有力，快踹速收。

圖 34

17. 右腳後蹽襠

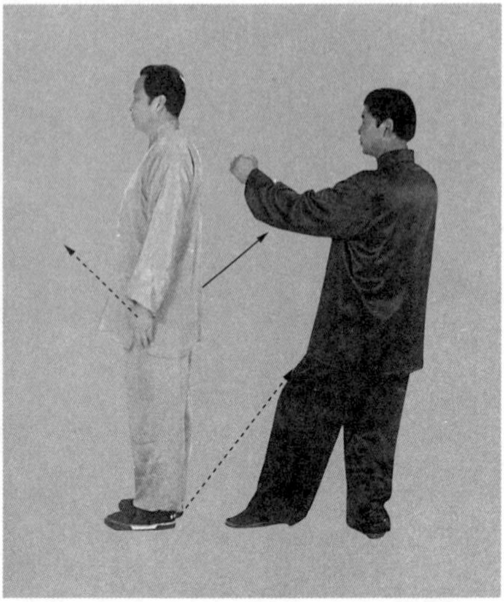

圖 35

①我、敵前後站立，我雙掌下垂於身體兩側，敵左前式位於我身後，欲出拳擊我（圖35）。

②我右腿提起，右腳向後蹽踢對方襠部，腳尖朝下，力在腳跟。同時，右掌隨腿向後甩撩，左掌向前甩撩（圖36）。

【要點】蹽踢襠要突然、迅速、準狠。蹽腳與撩掌同時進行，保持身體平衡。

圖 36

18.右腳橫跺小腿

①我右前式站立，雙手下垂於身體兩側，敵左前式站立。目視對方（圖37）。

圖 37

②我身體突然左轉，右腳提起向右橫跺對方左小腿迎面骨，上身左傾。雙手成掌，左掌平放左胸前，右掌平掌向右橫撐。目隨右腳（圖38）。

【要點】左轉身要急，起腳要快，跺腳要狠，速跺快收。

圖 38

19.右膝頂襠

①敵右前式站立，我左腳在前站立，我雙手叉腰，面無鬥意（圖39）。

圖39

②猛然間，我左腳前邁半步，右腿屈膝提起，用膝尖向前、向上頂擊對方襠或腹部。目視對方（圖40）。

【要點】左腳上步的同時右腿屈膝頂撞，頂撞要快、要猛、要狠。

圖40

20.右掌反撣襠

①我、敵前後併步站立，敵位於我後方，我雙手自然下落於身體兩側（圖41）。

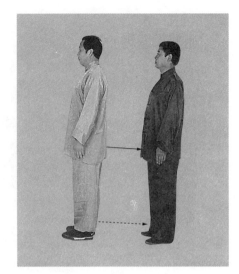

圖41

②我身體右轉，右腳向右跨步，右掌用掌背向右撣擊對方襠部。目隨右掌（圖42）。

【要點】轉身要突然，跨步要急，撣擊要快、要狠。轉身、跨步、撣擊要同時進行。

圖42

21.雙掌擊胸

①敵右前式站立，我左腳在前雙掌抱臂與敵對面站立。目視對方（圖43）。

圖43

②突然，我左腳向前邁步插落於對方兩腳間，同時雙手屈腕成立掌向前猛力推擊對方胸部。目隨雙掌（圖44）。

【要點】上步要快，擊掌要突然迅猛，要用抖放力。擊掌的同時左腳要下踩。

圖44

第二節　虛實技法

一、什麼叫虛實技法

　　所謂虛實技法，顧名思義，就是用虛虛實實、真真假假的技法擊打敵人。使用這種技法，通常是在敵我雙方都有準備的情況下進行的。在瞬息萬變的對搏中，使用這種技法易於奏效。

　　實戰中運用虛實技法要求做到：心態平穩，頭腦冷靜，表情形象，誘使敵人按你的意圖動作，達到擊制敵之目的。

二、虛實技法的實戰用法

1.左拳晃眼右拳直擊口鼻

　　①敵我雙方均左前式站立（圖1）。

　　②我左拳向前至對方眼前虛晃，引誘對方用手臂格擋。隨即，右拳向前直擊對方口鼻部位，拳眼朝上。目隨右拳（圖2）。

　　【要點】左拳虛晃與右拳前擊要連貫。右拳前擊時要視距離可前滑步。右拳擊打要用全身之力。

图 1

图 2

2.右手晃眼左拳擊腹

①我右前式站立，敵左前式站立。目視對方（圖3）。

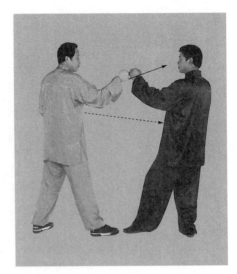

圖3

②我右拳向前在敵人臉前晃擊，誘使敵人出左拳向左格擋。我左拳即向前直擊對方腹部，拳眼朝上。目視對方（圖4）。

【要點】右拳晃擊要逼真，左拳擊打時身體微下蹲前傾，擰身催臂，迅猛有力。

圖4

3.左拳晃眼右拳
　　橫貫耳根

①敵我雙方均左
前式站立。互視對方
（圖5）。

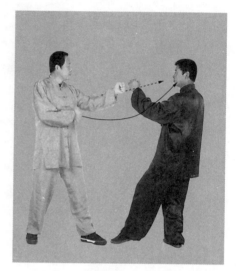

圖5

②我左拳向前於
對方面前晃擊，對方
用左拳向右、向下掛
壓我左拳。我右拳向
右、向前、向左用拳
眼貫打對方左耳根部
位，拳心朝下。目隨
右拳（圖6）。

【要點】右拳貫
打走弧形，要向左擰
腰轉體，運用全身整
體之力。

圖6

4.左拳晃眼右拳擊打下頜

①我左前式站立，敵右前式站立。互視對方（圖7）。

圖7

②我左拳向前至對方臉前晃擊，誘對方用右拳向上迎擋我左拳。隨即，我右拳臂外旋，向前、向上用拳面擺打對方下頜部位，肘微屈，拳心朝後。目隨右拳（圖8）。

【要點】利用好擺拳擊打有一定隱蔽性的優勢，出拳突然迅速，擊打準、狠。上身要配合前傾。

圖8

5.左拳晃眼右拳
　　劈砸頭部

①敵我雙方均左
前式站立。互視對方
（圖9）。

圖9

②我左拳向前在
對方臉前虛晃，誘對
方用左手向左下方抄
捋我左手。同時我右
拳向上、向前、向下
弧形劈砸對方頭部，
拳眼朝上。目隨右拳
（圖10）。

【要點】左拳晃
擊與右拳劈砸要連
貫，要視情況跟步進
身。劈拳要用鞭勁，
要迅猛有力。

圖10

6.左拳晃眼右掌 插脖

①敵我雙方均左前式站立。目視對方（圖11）。

圖11

②我左拳向前至對方臉前晃擊，引誘對方用左拳向上迎架我左手。我右拳變掌，拇指扣於掌心，餘四指併攏，於對方左臂下向上、向前插擊對方喉頭部位，掌心朝上。目隨右掌（圖12）。

【要點】拇指扣指、四指併攏要緊，插擊力在指尖。插指時上身前探，腳可隨身向前滑步。

圖12

7.左拳晃眼右掌 指插肋

①敵我雙方均左前式站立。互視對方（圖13）。

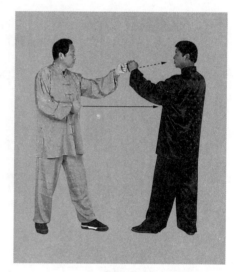

圖13

②我左拳向前至對方臉前晃擊，對方左手必然要上架或抄拎。我右拳變掌，拇指扣於掌心，餘四指併攏，向前猛力插擊對方左肋，掌心朝左，虎口朝上。目視對方（圖14）。

【要點】掌指併攏要緊。前插要突然，用力要猛。可視情況向前進身滑步。

圖14

8.左手晃眼
　　右爪抓面

①敵我雙方均左前式站立。互視對方（圖15）。

圖 15

②我左手向前於對方臉前虛晃，對方出左手擋擊。我右拳變爪，趁勢向前抓擊對方的雙眼及口鼻部位。雙腳可同時前滑步。目隨右爪（圖16）。

【要點】右爪抓面、進身滑步要同時。出爪要快，用力要猛，抓擊要狠。

圖 16

9.左手晃眼
　右肘頂胸

①敵我雙方均左
前式站立。互視對方
（圖17）。

圖17

②我左手向前至
對方臉前晃擊，不管
對方如何架擋。我右
腳向前上一步，腿即
屈膝，左腿伸直。同
時，右臂屈肘用肘尖
向前頂擊對方左胸部
位。目視對方（圖
18）。

【要點】晃擊、
頂肘要協調、連貫。
右腳上步與右肘前頂
要同時，要快、要
準、要狠。

圖18

10.左手晃眼右腳彈踢襠

①敵我雙方均左前式站立。互視對方（圖19）。

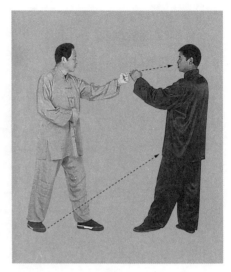

圖19

②我左手向前晃擊，把對方注意力集中在我左手之上。同時，右腳從身後向前猛力彈踢對方襠部，腿伸直，力達腳尖。目視對方（圖20）。

【要點】起腳彈踢要突然、迅猛、有力。右腳要速彈速收，以備再戰。

圖20

11.左手晃眼
右膝頂襠

①敵我雙方均左
前式站立。互視對方
（圖 21）。

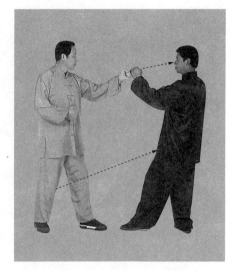

圖 21

②我左手向前至
對方臉前虛晃，分散
對方注意力。隨即，
左腳前邁半步，右腿
屈膝提起，用膝尖向
前頂撞對方襠部或小
腹。目視對方（圖
22）。

【要點】左腳前
邁步與右膝前頂撞要
同時進行。頂膝要
快、要準、要狠。

圖 22

12.左手前晃右
腳蹉踹小腿

①敵我雙方均左
前式站立。目視對方
（圖23）。

圖 23

②我左手向前至
對方臉前晃擊，分散
對方注意力。同時，
我右腳由身後向前搓
踹對方左小腿迎面
骨，腳尖斜朝右上，
力在腳跟。目視對方
（圖24）。

【要點】左手晃
擊與右腳搓踹要協調
連貫。搓踹時要提胯
進身，以身催帶腿
腳。

圖 24

13.左拳晃眼
右拳打襠

①我左前式站立，敵右前式站立。互視對方（圖25）。

圖25

②我左手向前於對方臉前虛晃，誘使敵人出右手擋擊。我右拳突然向前撩打對方襠部，拳眼朝上。雙腳可同時前滑步。目視對方（圖26）。

【要點】擊打襠、前滑步要同時。擊打襠時身體要下蹲前傾。

圖26

14.左手虛晃左腳
橫跺小腿

①敵我雙方均左
前式站立。目視對方
（圖27）。

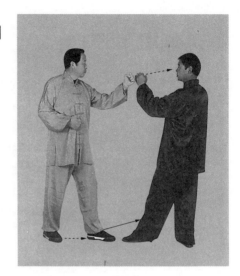

圖27

②我左手向前至
對方臉前晃擊，吸引
對方注意力。同時，
我右腳向前跳落半
步，身體右轉，左腳
向前橫跺對方左小腿
迎面骨，腳尖朝右。
目隨左腳（圖28）。

【要點】右腳跳
步與左腳橫跺要同時
進行，橫跺要快、要
猛、要準、要狠。

圖28

15. 上吐臉下踢襠

①敵我雙方均左前式站立。互視對方（圖29）。

圖 29

②我用口中痰或唾沫噴吐對方臉上，對方必然吃驚愣神。我趁機起右腳向前彈踢對方襠部。目視對方（圖30）。

【要點】吐臉要突然，彈踢要快速有力，一擊必中。

圖 30

16. 拾物擊襠

①這是一種特殊的擊打方法。遇歹徒攔劫，我故意使身上的錢物掉在地上，並貓腰去拾（圖31）。

圖 31

②在歹徒等待送他錢物之時，我突然用右拳猛擊對方襠部，並重創之。目視對方（圖32）。

【要點】拾物時面帶懼情麻痺對方。右拳擊襠要快、準、狠，一擊必效。

圖 32

17.指後擊頭

①敵我雙方均左
前式站立。互視對方
（圖33）。

圖33

②我用左手指對
方身後，並喊「快來
呀」類似的話。對方
果真回頭去看，我趁
機用右拳向前擊打對
方的頭部，拳眼朝
上。目隨右拳（圖
34）。

【要點】指後喊
話要形象逼真，誘其
相信。右拳擊打要快
速有力，可視情況前
滑步。

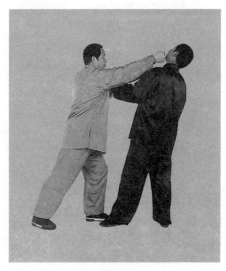

圖34

18.呼叫踢襠

①敵我雙方均左前式站立。互視對方（圖35）。

圖35

②我雙眼緊緊盯住對方的眼睛，突然大聲驚叫。對方對這突如其來的動作感到驚訝而愣神。我即起右腳向前彈踢對方襠部。目視對方（圖36）。

【要點】喊叫要突然怪異。起腿踢腳要迅猛、準狠。

圖36

19.掏物擊頭

①這是對歹徒攔
路搶劫的反擊方法。
我遇歹徒攔路索要財
物，假裝用右手從口
袋掏物，並示笑臉
（圖37）。

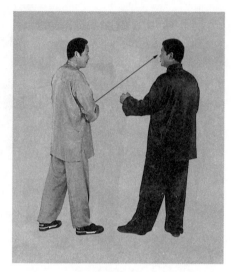

圖37

②在歹徒得意洋
洋之時，我掏物之手
突然向對方臉部打
去，並要給予連擊，
重擊其身。目視對方
（圖38）。

【要點】掏物示
笑臉要形象，迷惑住
對方。右拳擊打要快
速、有力、準狠，一
擊必中。

圖38

第三節 連擊法

一、連擊法之含義

敵我對搏，拳法招式之使用，萬變不離進攻與防守這兩種形式。

連擊，在實戰中佔有重要位置，無論是進攻或防守，只有巧妙地使用好連擊，才會有更佳之擊打效果。

所謂連擊，就是把拳術中的招式連接起來使用，連續擊打，組合進擊。實戰運用時，既適用於先發制人，又適用於後發制人；既有單拳單腳的連擊，又有雙拳雙腳或拳腳的連擊。

使用好連擊法，首先要有連擊的意識，同時單擊、連擊要隨機應用，不能呆板，還有很重要的一點，就是當雙拳或雙腳連擊時，第一拳（腳）擊出後，結果如何不去管它，第二拳（腳）隨即擊出，不能有絲毫的猶豫和停頓。正所謂「硬擊硬進無遮攔」。

二、連擊法的實戰用法

1.劈拳擂拳擊頭

①敵我雙方均左前
式站立。互視對方（圖
1）。

圖1

②我右腳向前邁一
步落地，腿即稍屈膝，
左腿伸直。同時，右拳
向上、向前劈砸對方頭
頂部位，拳眼朝上。目
隨右拳（圖2）。

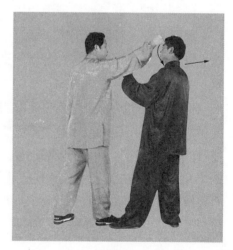

圖2

③對方頭部急速後仰，雙腳後滑，躲過我右劈拳。我右拳下劈後臂外旋向上、向前擺打對方下頜部位，肘微屈，拳心朝後。目視對方（圖3）。

【要點】右腳上步要快，右拳劈砸要猛，上步劈拳要同時進行。右拳下劈後轉擺拳要急，擺拳擊打要有力。

圖3

2.橫拳拋拳擊頭

①敵我雙方均右前式站立。目視對方（圖4）。

圖4

②我右拳向右、向前、向左弧形貫打對方左耳根部位，同時雙腳前滑，上身前探。目隨右拳（圖5）。

圖5

③對方頭部急速後仰，雙腳後滑步。我右拳橫打對方頭部後，臂外旋，用拳眼向前、向右、向上拋擊對方頭部，拳心朝上。目隨右拳（圖6）。

【要點】貫拳擊打要走弧形，與前滑步動作一致，轉拋拳擊打要快速有力。貫拳、拋拳要配合擰腰，運用全身整體之力。

圖6

3.肘頂胸拳砸頭

①敵我雙方均右
前式站立。目視對方
（圖7）。

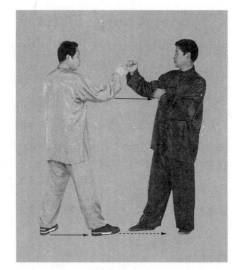

圖7

②我右、左腳先
後向前邁步，右臂屈
肘用肘尖向前頂擊對
方胸部，右腿屈膝，
左腿伸直。目隨右肘
（圖8）。

圖8

③對方雙腳後滑步，身向後躲閃我右肘頂擊。同時用右前臂向左挎撥我右肘。我右肘順勢臂外旋伸肘用拳背向上、向前砸擊對方頭部，上身前探。目隨右拳（圖9）。

【要點】頂肘的同時上步，上步要快，頂肘要猛、要狠。探臂砸拳與上身前探要協調連貫。

圖9

4.蹉踹小腿側踹腹

①敵我雙方均左前式站立。互視對方（圖10）。

圖10

②我左腳前邁半步，右腳由身後向前橫腳蹉踹對方左小腿迎面骨，腿伸直，腳尖斜朝右上。目隨右腳（圖11）。

圖11

③對方左腳後退躲閃我右腳蹉踹。我右腳蹉踹後，身體左轉，右腳向右踹擊對方小腹部位。腿伸直，力在腳跟。目隨右腳（圖12）。

【要點】蹉踹腿要先進身，要快、準、狠。左轉身要先提胯，轉身要急，右腳踹擊要迅猛有力，並速踹快收。

圖12

5.膝頂腹腳彈踢襠

①敵我雙方均左前式站立。目視對方（圖13）。

圖13

②我左腳向前邁半步，同時右腿屈膝，用膝尖向上、向前頂擊對方小腹部位。目視對方（圖14）。

圖14

③對方左腳後退
躲閃我右膝頂擊。我
右膝頂撞後即伸膝用
右腳向前彈踢對方襠
部，腿伸直，腳面繃
平，力達腳尖。目隨
右腳（圖 15）。

【要點】左腳上
步、進身、頂膝要連
貫，頂膝要猛、要
狠。右腳彈踢要快
速、準確、有力。

圖 15

6.左右直拳擊頭擊胸

①敵我雙方均左
前式站立。目視對方
（圖 16）。

圖 16

②我上身前傾，
用左拳向前直擊對方
頭部，拳眼朝上。目
隨左拳（圖17）。

圖17

③對方頭部向左
或向右躲閃，或用左
拳格擋。我右拳緊跟
著向前直擊對方胸部
（膻中穴）。拳眼朝
上。目視對方（圖
18）。

【要點】雙拳連
擊要連貫，左拳擊出
後，擊中擊不中、對
方如何招架，都不去
管他，右拳只管猛擊
對方胸部。

圖18

7.左右橫拳擊頭

①敵我雙方均左前式站立。互視對方（圖19）。

圖19

②我雙腳前邁半步，腿微屈膝。與此同時，身體跟進，上身前傾，左拳向左、向前、向右弧形橫擊對方右耳根部位，肘微屈，拳心朝下。目隨左拳（圖20）。

圖20

③對方用左拳向右格擋我左拳。我右拳即向右、向前、向左用拳眼擊打對方左耳根部位，肘微屈，拳心朝下。目視對方（圖21）。

【要點】左右拳橫擊要連貫、緊湊。上身要配合左右擰身，注意運用全身之力。

圖21

8. 左右擂拳擊下頜擊腹

①敵我雙方身體均成左前式站立。目視對方（圖22）。

圖22

②我左拳臂外旋
向前、向上用拳面擺
擊對方下頜部位，肘
微屈，拳心朝後。目
隨左拳（圖23）。

圖23

③對方頭後仰躲
閃我擊打，並用左拳
格擋我左拳。我右拳
臂外旋，並向前用拳
面擊打對方腹部，肘
微屈，拳心朝後。目
隨右拳（圖24）。

【要點】雙拳擺
擊時可前滑步，上身
要前傾，要協調一
致，快速有力。

圖24

9.左直拳右擺拳
擊頭擊襠

①我左前式站
立，敵右前式站立。
互視對方（圖25）。

圖25

②我左拳向前直
擊對方頭部，肘微
屈，拳眼朝上。目隨
左拳（圖26）。

圖26

③對方頭躲閃或
用右拳格擋。我右拳
臂外旋快速向前用拳
面擊打對方襠部，拳
心朝上，肘微屈。雙
腳同時前邁半步。目
隨右拳（圖27）。

【要點】可把重
點放在擊打襠上。右
拳擊打襠的同時要上
步進身，身體要下
蹲、前傾。

圖27

10.左右掌指
　戳目插肋

①敵我雙方均左
前式站立。目視對方
（圖28）。

圖28

②我左拳變掌，臂內旋向前戳擊對方眼睛。臂伸直，掌心朝下。目視對方（圖29）。

圖29

③對方用左拳向上迎架我左掌腕。我右拳變掌向前猛力直插對方左肋，掌心朝左。目隨右掌（圖30）。

【要點】雙掌拇指扣指和餘四指併攏要緊，雙掌戳插要連貫、緊湊，要快速、準確、有力。

圖30

11.左右爪抓面抓脖

①敵右前式站
立，我左前式站立。
互視對方（圖31）。

圖31

②我左拳變爪向
前抓擊對方的面部，
肘微屈，爪心朝前。
目視對方（圖32）。

圖32

③對方用右拳向上挑架我左爪腕。我右拳變八字爪向前猛力卡抓對方喉脖部位，肘微屈，虎口朝上。目隨右爪（圖33）。

圖33

【要點】左爪抓擊的部位主要是眼睛和口鼻，力在指端，右爪卡抓要用力掐捏喉脖部位。雙爪抓擊時上身要前傾，速度要快，部位要準確，抓擊要狠，抓之必效。

12.左拳左腳擊頭 橫跺小腿

①敵我雙方均左前式站立。目視對方（圖34）。

圖34

②我左拳向前直擊對方臉部，肘微屈，拳眼朝上。目隨左拳（圖35）。

圖35

③對方後仰頭閃之，並用左拳格擋我左拳。我身體右轉，右腳向前跳半步，左腳向前橫跺對方左小腿迎面骨，腳尖朝左，力在腳跟。目視對方（圖36）。

【要點】可把重點放在左腳橫跺上。身體右轉、右腳前跳步與左腳前橫跺要連貫、緊湊。跺擊要快、要準、要狠。

圖36

13.左拳右腳擊頭踢襠

①敵右前式站立，我
左前式站立。互視對方
（圖37）。

圖37

②我左拳向前直擊對
方臉部，肘微屈，拳眼朝
上。目隨左拳（圖38）。

圖38

③對方頭部後仰
躲閃或右拳向上架
擋。我右腿提起右腳
向前彈踢對方襠部，
腿伸直，力達腳尖。
目隨右腳（圖39）。

【要點】左拳擊
頭和右腳踢襠要協調
一致。右腳踢襠速度
要快，部位要準，踢
擊要狠，一擊必重創
之。

圖39

14.左右拳右腳擊
頭擊腹踢襠

①敵我雙方均左
前式站立。互視對方
（圖40）。

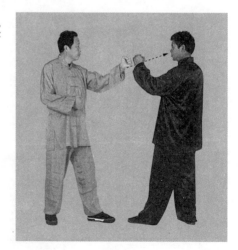

圖40

②我左拳向前直
擊對方頭部，拳眼朝
上。目視左拳（圖
41）。

圖41

③對方左拳向上
迎擋我左拳。我右拳
快速向前直擊對方腹
部，拳眼朝上。目隨
右拳（圖42）。

圖42

④對方向後滑步縮身躲閃。我右腿提起右腳向前彈踢對方襠部，腿伸直，力達腳尖。目視對方（圖43）。

【要點】三連擊動作更要協調、連貫。前擊效果無論如何，後擊必須急速跟上，達重創敵之目的。

圖43

15.右拳右腳打踢襠

①我、敵前後站立，我雙拳下垂於身體兩側。敵左前式位於我身後，並欲出左拳擊我頭部（圖44）。

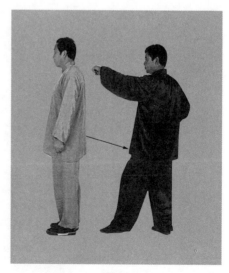

圖44

②我身體微右轉，右拳用拳背向後撩打對方襠部。目隨右拳（圖45）。

圖45

③對方向後滑步躲閃我右拳擊打。我速起右腳向後蹽踢對方襠部。腿伸直，腳尖朝下，力在腳跟。目視對方（圖46）。

【要點】拳腳蹽踢襠要突然、快速、有力，並要連貫、緊湊。

圖46

16.左肘左拳頂胸
砸頭打襠

①我右前式站立，敵左前式站立。互視對方（圖47）。

圖47

②我左腳向前邁一步落地，腿即屈膝，右腿伸直。同時，我左臂屈肘用肘尖向前頂擊對方右胸。目視對方（圖48）。

圖48

③對方向後滑步
躲我左肘頂擊，同時
左前臂向左格攔我左
肘。我左臂伸肘用拳
背向上、向前砸擊對
方頭部。目隨左拳
（圖49）。

圖49

④對方向後仰頭
躲我左拳砸擊。我左
拳屈肘向下擊打對方
襠部。目視對方（圖
50）。

【要點】左腳上
步要疾，左肘頂胸要
猛，左拳砸頭要準、
要狠。上步、頂肘、
砸頭、打襠四個動作
要協調、連貫、緊
湊，不可停頓。

圖50

17.左右掌右腳
劈頭踢襠

①敵我雙方均左
前式站立。目視對方
（圖51）。

圖51

②我左拳變掌向
上、向前劈擊對方頭
部，掌心朝右，對方
用右拳向上迎架我左
掌腕。目視對方（圖
52）。

圖52

③我右掌向上、
向前、向下劈擊對方
頭部，掌心朝左，對
方用左拳向上迎架我
右掌腕。目隨右掌
（圖53）。

圖53

④我速提右腿，
用右腳向前彈踢對方
襠部。腿伸直，力在
腳尖。目隨右腳（圖
54）。

【要點】雙掌劈
頭要快速有力，右腳
踢襠要猛、要準、要
狠。三連擊動作要協
調一致。

圖54

18.左拳右腳擊頭 勾腳端腿

①敵我雙方均左
前式站立。目視對方
（圖55）。

圖55

②我左拳向前
直擊對方頭部，拳
眼朝上。目視左拳
（圖56）。

圖56

③對方用左拳向
上迎架我左拳。我身
體左轉，右腳由身後
向前、向左勾踢對方
左腳脖。腿伸直，腳
尖朝左上。目視對方
（圖57）。

圖57

④對方左腳上提
躲閃我右腳勾踢。我
右腳隨即向右踹擊對
方右腿裡側。腿伸
直，力在腳跟。目視
對方（圖58）。

【要點】右腳勾
踢時腳尖要上蹺，力
在腳脖。勾踢要先提
胯轉身。踹擊要迅猛
有力。

圖58

第四節　攔迎技法

一、何謂攔迎技法

攔迎技法，是迷蹤拳主要技法之一。攔迎，即攔截迎擊之意，就是在攔迎敵之進攻中進行反擊。攔迎技法屬於後發制人的打法。

使用這種技法，必須把攔迎與反擊融為一體，攔迎中寓反擊、攔攻並舉，絕不能把攔迎和反擊脫離開來，也不能先攔迎後反擊。只有這樣，才算是領會了攔迎技法的實質，掌握了攔迎技法的要領，才能常戰不敗。

二、攔迎技法的實戰用法

1.挎攔拳擊頭

①敵我雙方均右前式站立。目視對方（圖1）。

②對方用右拳向前直擊我胸部。我上身稍左後仰，用右前臂向左、向後磕挎對方右拳腕後，用拳背向前擊打對方臉部，拳心朝後，肘微屈。目隨右拳（圖2）。

【要點】上身左後擰仰與右前臂磕挎要同時進行，磕挎時要用揉滾之力。右拳反打敵頭要快，要借敵前衝之力，借力打力。

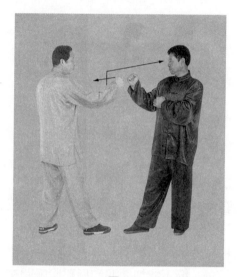

图 1

图 2

2.挎攔肘頂頭

①敵我雙方均右前式站立。目視對方（圖3）。

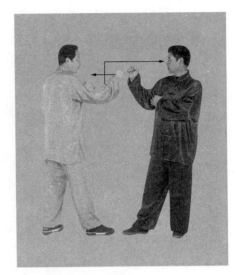

圖3

②對方右拳變掌向前直插我喉脖部位。我上身稍左後仰，右臂屈肘用前臂向上、向左、向後挎攔對方右掌後，用肘尖向前、向上頂擊對方臉部。目隨右肘（圖4）。

【要點】挎攔對方右掌與前頂肘要連貫，一挎即頂。頂肘要快、要猛、要狠。

圖4

3.挎攔腳鏟腹

①敵我雙方均右
前式站立。目視對方
（圖5）。

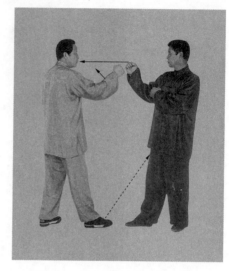

圖5

②對方右拳變爪
向前抓擊我臉部，我
右臂屈肘，用前臂向
上、向左、向後挎磕
對方右爪腕，同時右
腳提起用腳掌外側向
前鏟踹對方小腹部
位。目視對方（圖
6）。

【要點】右臂挎
磕敵右腕時頭要左後
仰。挎磕腕與前鏟踢
要同時進行。鏟踢要
快速有力。

圖6

4.挎攔擊頭踢襠

①敵我雙方均右
前式站立。目視對方
（圖7）。

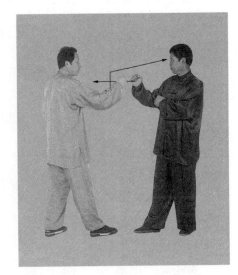

圖7

②對方用右拳向
前直擊我胸部，我右
臂屈肘，用右前臂向
左、向後挎磕對方右
拳腕後，用拳背向前
砸擊對方臉部，拳心
朝後。目隨右拳（圖
8）。

圖8

③隨即，我右腿提起，右腳向前彈踢對方襠部。腿伸直，力達腳尖。目視對方（圖9）。

【要點】右前臂挎磕對方右拳時，上身要配合向左後游動，反砸頭要快速有力，右腳踢襠與上述動作要連貫、要準、要狠。

圖9

5.攔掛抛擊頭

①敵我雙方均左前式站立。目視對方（圖10）。

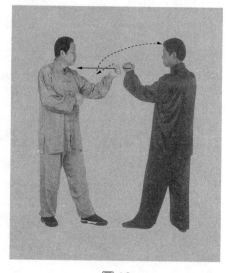

圖10

②對方用左擺拳
向前擊打我下頜部
位。我左拳向右、向
下掛磕攔擊對方左拳
腕，右拳立即向上、
向前用拳背拋擊對方
臉部，拳心朝後。目
視對方（圖11）。

【要點】左拳攔
掛與右拳擊打要同時
進行，速度要快。擊
打時要向前探身探
臂，力達拳背。

圖11

6.捋臂擊肋

①敵我雙方均左
前式站立。互視對方
（圖12）。

圖12

②對方左拳變爪向前抓擊我面部。我左拳變掌，向上、向左、向後纏捋對方左臂腕，右拳同時向前猛力擊打對方左肋部位。目視對方（圖13）。

【要點】左掌纏捋對方左腕要緊，防其抽脫。右拳擊打要蹬足進身，運用全身之力。

圖13

7.纏臂踢襠

①敵我雙方均左前式站立。互視對方（圖14）。

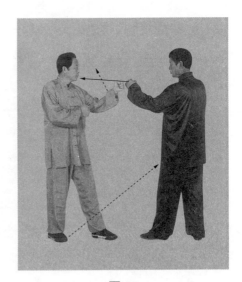

圖14

②對方左拳向前直擊我臉部。我左拳變掌，向左、向後捋纏對方左前臂，右腳即由身後向前彈踢對方襠部。腿伸直，腳面繃平，力達腳尖。目隨右腳（圖15）。

【要點】捋纏臂要快速，彈踢襠要猛、要準、要狠。兩個動作要連貫、緊湊、一體，擊則必效。

圖15

8.掛攔蹉踢腿

①我左前式站立，敵右前式站立。目視對方（圖16）。

圖16

②對方用右拳向前直擊我胸部。我左拳向下、向左掛磕攔撥對方右拳腕，同時右腳橫腳，用腳掌向前蹉踹對方右小腿迎面骨，腳尖斜朝右上。目視對方（圖17）。

【要點】左拳掛磕對方右拳速度要快，右腳蹉踹要先提胯進身，踹擊要猛、要狠，兩個動作要協調一致。

圖17

9.攔掛橫擊頭

①敵我雙方均左前式站立。目視對方（圖18）。

圖18

②對方左拳變爪
向前卡抓我喉脖部
位。我用左拳向右、
向下、向左掛磕對方
左爪腕，右拳向右、
向前、向左用拳眼橫
擊對方左耳根部位，
拳心朝下。目隨右拳
（圖19）。

【要點】左拳掛
攔要快速有力，右拳
橫打時要向左擰腰轉
體，以身催臂，用全
身整體力量。

圖19

10.纏臂別腿摜打腦

①敵我雙方均左前
式站立。目視對方（圖
20）。

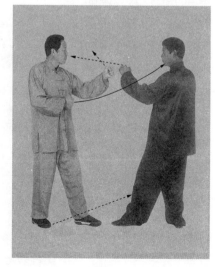

圖20

②對方用左拳向前直擊我頭部。我左拳變掌，臂內旋向上、向左、向後捋纏對方左拳腕，同時右腳向前上步，插落對方左腿內側，身體左轉，右拳用拳眼向左撾打對方左耳或後腦部位。目視對方（圖21）。

圖 21

【要點】左掌纏擰對方左腕要緊，右拳向左撾打對方頭部時右腳可向右趟掛對方腿部，形成作用力相反、打擊力相同之合力。

11. 磕掛勾踢

①敵我雙方均左前式站立。互視對方（圖22）。

圖 22

②對方用左拳向
前直擊我胸部，拳眼
朝上。我左拳向右、
向下、向左磕掛對方
左拳腕。同時，右腳
從身後向前、向左勾
踢對方左腳脖。目視
對方（圖 23）。

【要點】左拳磕
掛要快速有力。右腳
勾踢時要先提胯進
身，勾踢要猛、要
狠，使敵身失去平衡
而倒地。

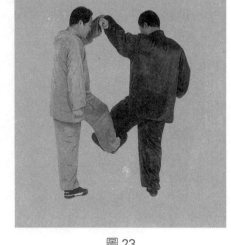

圖 23

12. 撅臂踹腿

①敵我雙方均左
前式站立。互視對方
（圖 24）。

圖 24

②對方用左擺拳向前擊打我下頜部位。我雙拳變掌，左掌向右、向下磕壓對方左拳心，右掌向前、向上托挑對方左肘，雙掌一上一下撅折對方左肘。目視對方（圖25）。

圖25

③與撅臂同時，右腳由身後向前橫腳蹉踹對方左小腿迎面骨，腳尖斜朝右上。目視對方（圖26）。

【要點】雙掌撅敵臂肘部位要準確，速度要快並要有力。右腳蹉踹腿要猛、要狠，擊則必重創敵身。

圖26

13.挾臂掃踢

①敵我雙方均左
前式站立。目視對方
（圖27）。

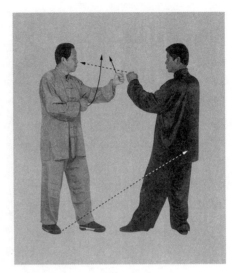

圖27

②對方用左掌指
向前戳擊我眼睛。我
雙手變掌向上、向左
抄挾對方左前臂，同
時右腳從身後向前、
向左掃踢對方腰胯部
位，身體隨即左轉。
目隨右腳（圖28）。

【要點】雙掌抄
挾對方左臂要快、要
緊，右腳掃踢時提胯
轉身要疾，掃踢要迅
猛有力。

圖28

14.摟臂推身

①敵我均左前式
站立。互視對方（圖
29）。

圖 29

②對方右腳向前
邁一步，右拳向前直
擊我胸部。我上身稍
右後仰，雙拳變掌向
左、向上、向右抄捋
住對方右前臂，並用
力向右後方摟領，欲
使對方前扒地上。目
視對方（圖30）。

圖 30

③對方急向後拽
臂墜身，我雙掌順勢
向前猛力推擊對方右
上臂及胸部。目視對
方（圖31）。

【要點】抄捋對
方前臂要快，纏抓要
緊，後擺對方右臂要
借對方前衝之力。前
推敵身時要借對方後
拽之力，上身要前
傾，雙腿微屈膝，推
擊要有力。

圖31

15.纏臂頂肘

①敵我雙方均右
前式站立。目視對方
（圖32）。

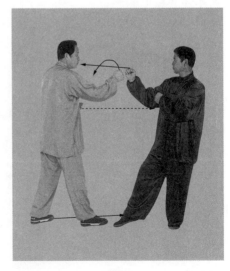

圖32

②對方用右拳向前直擊我頭部。我右拳變掌，向上、向右纏擰對方右前臂，同時，左腳向前上一步，左臂屈肘用肘尖向前頂擊對方右肋。目視對方（圖33）。

【要點】纏捋對方右前臂要抓緊、用力，防其抽脫。上步頂肘要迅猛有力。纏臂、上步、頂肘三個動作要連貫一體。

圖33

16.挎臂蓋頭

①敵我雙方均成左前式站立。目視對方（圖34）。

圖34

②對方用左拳向前直擊我胸部。我用左前臂向右挎磕對方左拳腕，同時，右拳變掌向上、向前、向下蓋擊對方頭頂部位，掌指朝前。目視對方（圖35）。

【要點】左前臂挎磕與右掌蓋擊要同時進行。右掌蓋擊時上身要前探，右臂要伸直，要集全身之力於臂掌之上。

圖35

17.磕掛臂打襠

①我左前式站立，敵右前式站立。目視對方（圖36）。

圖36

②對方用右拳向前直擊我腹部。我左拳向右、向下、向左掛磕對方右前臂，同時，右腳向前上步，右拳向前撩打對方襠部，拳眼朝上。目視對方（圖37）。

【要點】左拳磕掛要快速有力，右腳上步要急，右拳撩打襠要準、要狠。三個動作要協調一致。

圖37

18.纏臂跺膝

①敵我雙方均左前式站立。目視對方（圖38）。

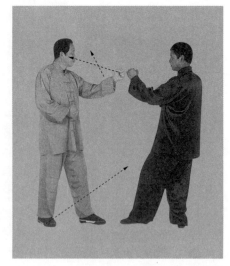

圖38

②對方用左拳向前直擊我頭部。我左拳變掌向上、向左捋纏對方左拳腕，身體左轉，提右腿用腳掌向右橫跺對方左膝蓋，腳尖朝左。目視對方（圖39）。

【要點】左掌纏捋對方左拳腕時要抓緊，提胯、轉身要快，跺膝要有力。

圖39

19.迎封插脖

①敵我雙方均左前式站立。目視對方（圖40）。

圖40

②對方左拳向前
虛晃後右拳向上、向
前、向下劈砸我頭頂
部位。我左拳向上至
頭頂上方迎架對方左
拳腕，右拳變掌向前
插擊對方的喉脖部
位。臂伸直，掌心朝
上。目視對方（圖
41）。

【要點】左拳向
上迎架與右掌向前插
擊要同時進行。右掌
插擊時拇指扣指，餘
四指併攏要緊，插擊
要快而狠。

圖41

20.纏臂靠肋

①敵我雙方均左
前式站立。目視對方
（圖42）。

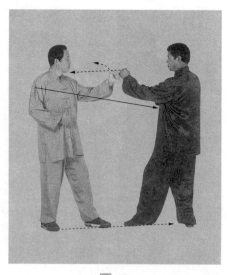

圖42

②對方左拳變八字掌向前卡抓我喉脖部位。我左拳變掌向上、向左纏捋對方左前臂，右腳向前上步，用右臂肩向前靠擊對方左肋肩部位。目視對方（圖43）。

【要點】左掌纏捋臂要快速有力，臂肩靠擊要猛，要用彈抖之勁。

圖43

21. 迎封擊胸

①我右前式站立，敵左前式站立。目視對方（圖44）。

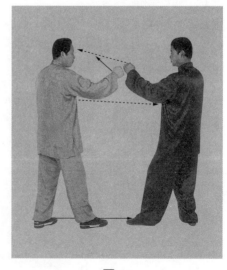

圖44

②對方用左拳向前直擊我頭部。我右臂屈肘用前臂向上迎封對方左拳腕，左腳向前一步，左手屈腕成立掌向前猛力推擊對方胸部，掌指朝上。左腿屈膝，右腿伸直。目隨左掌（圖45）。

【要點】右前臂向上迎封要內旋，用滾動之力。左腳上步要快，左掌推擊要猛，要用全身整體之力。迎封、上步、推掌三個動作要連貫。

圖45

22.迎封抓面

①敵我雙方均左前式站立。目視對方（圖46）。

圖46

②對方右腳向前
上一步，同時，右拳
向上、向前、向下劈
砸我頭部。我左拳向
上至頭前上方迎架對
方右拳腕，右拳變爪
向前抓擊對方面部。
目視對方（圖47）。

【要點】左拳上
架的同時右爪向前抓
擊，抓擊要快、要
狠，重點抓擊對方的
眼睛和口鼻部位。

圖47

23.迎封擊肋

①敵我雙方均左
前式站立。目視對方
（圖48）。

圖48

②對方左拳變爪向前抓擊我臉部。我左拳屈肘向上迎封挑架對方左爪腕，右腳向前上步，身體左轉，右拳向右直擊對方左肋，雙腿屈膝成馬步。目視對方（圖49）。

【要點】左拳迎架要快，右腳上步、左轉身要急，擊拳要猛，使用全身之力。迎架、上步、左轉身、擊拳四個動作要協調連貫。

圖49

24.迎封拗腿擊胸

①敵我雙方均左前式站立。互視對方（圖50）。

圖50

②對方用左拳向
前直擊我胸部。我右
拳屈肘向上迎架對方
左拳腕，同時，右腳
向前上步插落對方左
腳後側，左手屈腕成
立掌向前猛力推擊對
方胸部。右腿屈膝，
左腿伸直。目視對方
（圖51）。

【要點】右腿拗
別對方左腿要緊，左
掌前擊要猛，迎封、
上步、推掌三個動作
要同時進行。

25.迎封蹬襠

①我左前式站
立，敵右前式站立。
互視對方（圖52）。

圖51

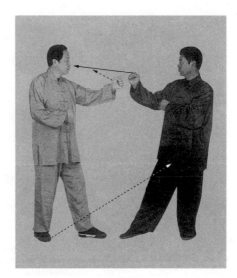

圖52

②對方用右拳向
前直擊我頭部。我左
拳屈肘向上迎封挑架
對方右拳腕，同時，
右腳從身後向前蹬踹
對方襠部。腳尖朝
上，力在腳跟。目視
對方（圖53）。

【要點】右腳向
前蹬踹要迅猛、準
狠，與左拳向上迎封
要連貫緊湊，形成一
體。

圖53

26.迎封頂肘砸頭

①敵我雙方均右
前式站立。互視對方
（圖54）。

圖54

②對方用右拳向
前直擊我頭部。我右
拳屈肘向上迎架對方
右拳腕，左腳向前上
步，左臂屈肘用肘尖
向前頂擊對方右肋，
左腿屈膝，右腿蹬
直。目視對方（圖
55）。

圖 55

③對方向後滑步
退身躲閃我左肘頂
擊，我左臂伸肘用拳
背向上、向前砸擊對
方臉部。目視對方
（圖 56）。

【要點】右拳迎
封要快，左腳上步要
急，左臂頂肘要猛，
左拳砸頭要狠。四個
動作要連貫一體。

圖 56

27.托臂搓腳

①敵我雙方均左
前式站立。目視前方
（圖57）。

圖57

②對方雙拳屈腕
變立掌向前推擊我胸
部。我雙拳變掌向上
托挑對方雙掌腕，同
時，右腳由身後向前
用腳跟搓踹對方左腳
面或小腿迎面骨，左
腿微屈膝，目視前方
（圖58）。

【要點】雙掌向
上托挑要快速有力，
右腳向前搓踹要先提
胯進身，要準、要
狠。

圖58

28.迎封膝頂襠

①敵我雙方均左
前式站立。目視對方
（圖59）。

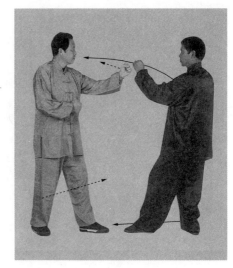

圖59

②對方右拳向前
直擊我頭部，同時，
右腳向前上步，右腿
屈膝，左腿伸直。我
左拳向上迎封挑架對
方右拳腕，右腿屈膝
上提用膝尖向前、向
上頂擊對方襠部，左
腿站立。目視對方
（圖60）。

【要點】左拳迎
封挑架與右膝上提頂
襠要同時進行。右膝
頂擊要快、要準、要
狠，擊則必重傷敵。

圖60

29.纏臂靠胸

①敵我雙方均左
前式站立。目視對方
（圖61）。

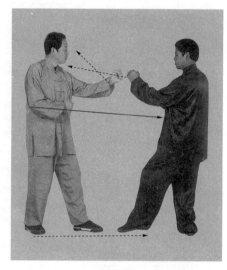

圖61

②對方用左拳向
前直擊我頭部。我左
拳變掌向上、向左纏
捋對方左拳腕，右腳
向前上步插落對方左
腳後側，身體左轉，
雙腿屈膝，右臂向右
靠擊對方左胸部。目
視對方（圖62）。

【要點】左掌纏
捋對方左拳腕要疾，
右腳上步要急，埋敵
左腳要緊，右臂靠擊
要用彈抖之內力。幾
個動作要連貫。

圖62

30. 迎封戳目

①我左前式站立，敵右前式站立。目視對方（圖63）。

圖63

②對方右拳變掌向上、向前蓋擊我頭部。我左拳屈肘向上至頭前上方迎架對方右拳腕，同時，右掌拇指、無名指、小指相握，中指、食指叉開向前戳擊對方雙眼，上身前探，臂伸直，掌心朝下。目視對方（圖64）。

【要點】左拳迎架與右掌指前戳要同時進行。右掌戳目要快、要準、要狠。

圖64

31. 迎封推掌

①敵我雙方均左前式站立。互視對方（圖65）。

圖 65

②對方雙拳變掌，屈腕成立掌向前推擊我胸部。我雙拳變掌向上、向外分掛挑擊對方雙掌腕後，屈腕成立掌向前猛力推撞對方胸部，上身前傾，雙肘微屈。目視對方（圖66）。

【要點】雙掌上挑外掛對方雙腕要快速有力。雙掌前推撞時要蹬足進身，用全身整體之力，要猛、要狠。可視距離向前滑步。

圖 66

32.纏臂推肋

①敵我雙方均右
前式站立。目視對方
（圖67）。

圖67

②對方用右拳向
前直擊我頭部。我雙
拳變掌，向上、向右
捋纏對方右前臂，同
時，左腳向前上步，
雙掌屈腕成立掌，向
前猛力推擊對方右肋
胸部位，雙肘微屈。
左腿屈膝，右腿蹬
直。目隨雙掌（圖
68）。

【要點】纏捋
臂、上步、推掌要連
貫、緊湊。推掌時要
擰身蹬足，運用全身
之力。

圖68

33.砸拳抓脖

①敵我雙方均右
前式站立。互視對方
（圖69）。

圖69

②對方用右拳向
前直擊我胸部。我右
拳向左、向下磕砸對
方右拳腕，左拳變爪
向前抓擊對方臉部。
目隨左爪（圖70）。

圖70

③對方向後滑步
縮身躲我抓擊。我雙
腳向前上步，雙腿成
左跪膝步，右拳變八
字抓向前卡抓對方喉
腮部位。目視對方
（圖71）。

【要點】右拳下
砸對方右拳要猛，左
爪抓面要疾，雙腳上
步要快，右爪抓腮要
狠。四個動作要連貫
一體，不可停斷。

圖71

34.挎腳端腿

①敵我雙方均左
前式站立。目視對方
（圖72）。

圖72

②對方起左腳向
前蹬踹我左小腿。我
身體左轉，右腳向
前、向左勾挎對方左
腳脖後，即向右踹擊
對方右腿膝蓋處。目
視對方（圖73）。

【要點】身體左
轉、右腳向前勾挎對
方左腳脖要快速，做
到後發先至。勾挎踹
擊要連貫有力。

圖73

35.打襠踹膝

①敵我雙方均左
前式站立。目視對方
（圖74）。

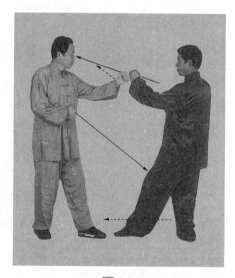

圖74

②對方右腳向前上步，右拳向前直擊我頭部。我左拳屈肘向上迎架對方右拳腕，右拳向前撩打對方襠部，拳眼朝上。目視對方（圖75）。

圖75

③對方右腳後退步閃我擊打，同時，左拳向下、向左磕打我右拳。我右腳由身後向前蹬踹對方左膝蓋部位，腳尖朝上，力在腳跟。目視對方（圖76）。

【要點】左拳迎架、右拳擊打、右腳蹬膝要協調連貫，成為一體。左拳迎架要快速，右拳擊打要準狠，右腳蹬踹要迅猛。

圖76

36.纏腕推掌

①敵我雙方均左
前式站立。目視對方
（圖77）。

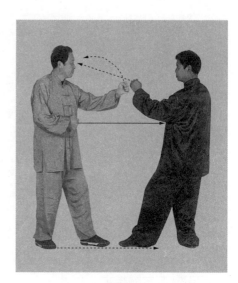

圖77

②對方用左拳向
前直擊我胸部。我左
拳變掌，向左、向後
抄捋纏擰對方左拳
腕，同時，右腳向前
上步，身體稍左轉，
雙腿屈膝成馬步，右
拳變掌屈腕成立掌，
向前猛力推擊對方後
腰部位。目隨右掌
（圖78）。

【要點】左掌纏
擰對方左手腕要緊，
防其掙脫。上步推掌
要同時進行，推掌要
迅猛有力。

圖78

37.迎封蹬襠

①敵我雙方均左
前式站立。互視對方
（圖 79）。

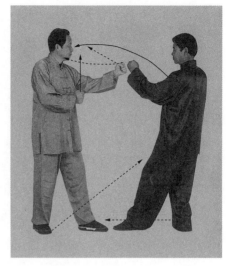

圖 79

②對方右腳向前
上步，雙拳雙峰貫耳
擊打我兩耳根部位。
我雙拳臂內旋向上、
向外（左拳左、右拳
右）磕掛對方雙拳
腕，右腳向前蹬踹對
方襠部，力在腳跟，
腳尖朝上。目視對方
（圖 80）。

【要點】雙拳磕
掛和蹬襠必須同時進
行。磕掛要迅猛有
力，蹬襠時要先提胯
進身，要準、要狠。

圖 80

38.托臂蹚踹腿

①敵我雙方均右前式站立。互視對方（圖81）。

圖81

②對方用右拳向前直擊我頭部。我右拳變掌，向上托撩對方右拳臂，左腳向前橫腳蹚踹對方右小腿迎面骨，腳尖朝左上。目視對方（圖82）。

【要點】右掌上托撩、左腳前趟踹要迅猛有力，兩個動作要同時進行。同時，左拳要向左下後方甩撩，以保身體平衡。

圖82

39.挎臂頂襠

①敵我雙方均右前式站立。目視對方（圖83）。

圖83

②對方用右拳向前直擊我胸部。我左臂屈肘用前臂向右挎磕對方左拳腕，左腿屈膝上提，用膝尖向上、向前頂擊對方襠部或小腹部。目視對方（圖84）。

【要點】挎臂要快，頂膝要狠，二者要協調一致。

圖84

40.擄臂趟踹腿

①敵我雙方均左前式站立。目視對方（圖85）。

圖85

②對方右腳向前上步，右拳成掌向前插擊我喉脖部位。我頭稍左仰，雙拳變掌一起向左、向上、向右抄拧住對方右前臂，並用力向下、向後擄拉，右腳同時向前趟踹對方右小腿，腳尖斜朝右上。目視對方（圖86）。

【要點】抄拧對方右前臂要快，纏抓要緊，後擄拉要猛，前趟踹要與後拽臂同時進行，使對方失去平衡向前扒地。

圖86

41. 拗腿擊下頜

①敵我雙方均左前式站立。目視對方（圖87）。

圖 87

②對方用右拳向前直擊我臉部，同時，右腳向前上步。我左拳向上、向左迎封對方左拳腕，右腳向前上步插落對方右腳後側，右拳向上、向前擺打對方下頜部位。目視對方（圖88）。

【要點】左拳向上迎封要快，右腳上步要急，埋敵右腿要緊，右拳擊打下頜要猛、要狠。三個動作要同時進行。

圖 88

42.掛腳靠擊

①敵我雙方均左
前式站立。目視對方
（圖89）。

圖89

②對方身體右
轉，起左腳向左踹擊
我腰胯部位。我左拳
向下、向左磕掛對方
左腳脖，同時，右腳
向前上步，身體左
轉，用右胯向前靠擊
對方臀部。目視對方
（圖90）。

【要點】左拳磕
掛要快速有力，向左
轉身和上步要急，右
胯靠擊要用彈抖之
勁。

圖90

第五節　閃擊法

一、什麼是閃擊法

　　顧名思義，閃擊法就是躲閃反擊的技法。迷蹤拳在後發制人的技法中，有「不招不架只是一下」的說法，講的是當對方用拳腳向我進擊的時候，我不去迎擋、招架，而是用躲閃的方法反擊。

　　較之上面講的攔迎技法，這是比較高級的技法。需要著重說明的是，使用閃擊法，也必須做到邊躲閃，邊反擊，在躲閃的同時反擊，閃反並舉。這樣，才體現了閃擊法的實質，才會有理想的擊打效果。

二、閃擊法的實戰用法

1.後閃踢襠

　　①敵我雙方均左前式站立。互視對方（圖1）。

　　②對方用左拳直擊我頭部。我頭部後仰躲閃對方左拳的擊打，同時提左腿，用左腳向前彈踢對方襠部。腿伸直，力達腳尖。目隨左腳（圖2）。

　　【要點】向後閃頭與向前踢襠要連貫、緊湊。左腳踢襠速度要快，部位要準，踢擊要狠。

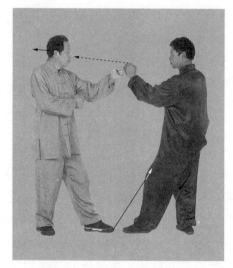

图1

图2

2.左閃擊頭

①敵我雙方均左前式站立。互視對方（圖3）。

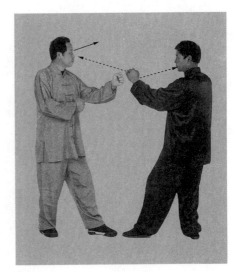

圖3

②對方用左拳向前直擊我頭部。我頭向左閃過對方左拳的擊打，同時左拳向前直擊對方臉部。目視對方（圖4）。

【要點】頭左閃要掌握好不早不遲最佳時機。閃頭要快，閃頭的同時左拳前擊。左拳前擊時上身要左擰前傾。擊拳突然、迅速、有力。

圖4

3.左閃擊肋

①敵我雙方均右
前式站立。目視對方
（圖5）。

圖5

②對方用右拳向
前直擊我頭部。我頭
向左閃過對方右拳擊
打，同時，右腳向左
前方上半步，右拳向
前直擊對方右肋。肘
微屈，拳眼朝上。目
視對方（圖6）。

【要點】向左閃
頭、向前上步和拳擊
肋三個動作要同時進
行，身體要下蹲，擊
拳要有力。

圖6

4.右閃踢襠

①敵我雙方均左
前式站立。目視對方
（圖7）。

圖7

②對方左拳變爪
向前抓擊我面部。我
右腳向右前方邁一
步，頭右閃躲過對方
左爪抓擊，同時，左
腳向前踢擊對方襠
部。目視對方（圖
8）。

【要點】右腳上
步、頭向右閃要協調
一體，動作要快。左
腳踢襠要迅猛準狠。

圖8

5.左閃膝頂襠

①我左前式站立，對方右前式站立。互視對方（圖9）。

圖9

②對方用右拳向前、向上擂打我下頜部位。我頭向左躲閃，左腳向左前方上步，同時，右腿屈膝上提，用膝尖頂撞對方襠部。目視對方（圖10）。

【要點】左閃頭要快，左上步要急，頂膝要猛、要狠。三個動作要連貫一體。

圖10

6.轉身擊頭

①我右前式站立，敵左前式站立。互視對方（圖11）。

圖11

②對方用左拳向前直擊我頭部。我頭右後閃，身體左後翻轉，左腳向前上步，同時，我左拳向前、向左揮打對方左耳根部。目隨左拳（圖12）。

【要點】閃頭、轉身要急，上步要快。擊打頭要用鞭勁，要利用好轉身上步之衝力。

圖12

7. 轉身蹽襠

①敵我雙方均左
前式站立。互視對方
（圖 13）。

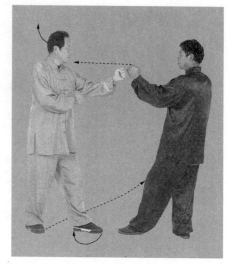

圖 13

②對方左手成八
字爪向前卡抓我脖腮
部位。我頭後躲閃，
身體右轉，用右腳向
後蹽踢對方襠部，腳
尖朝下，力在腳跟。
頭右後轉，目視對方
（圖 14）。

【要點】閃頭、
轉身、蹽腳三個動作
要連貫、緊湊，閃
頭、轉身要疾，蹽腳
要猛、要狠，擊之必
中。蹽腳時上身要前
伏。

圖 14

8.膝撞小腿

①我右前式站立，敵左前式站立。互視對方（圖15）。

圖15

②對方用右腳向前彈踢我小腹部位。我身體左轉，右腿屈膝上提，用膝尖向前撞擊對方小腿內側。目視對方（圖16）。

【要點】左轉身要快，膝撞要準、要狠，要掌握好不早不遲最佳時機。

圖16

9.側身踹腿

①敵我雙方均左前式站立。互視對方（圖17）。

圖17

②對方身體右轉，起左腳向左踹我小腹部位。我左腳向右前方上半步躲閃對方左腳踹擊，同時，身體左轉，右腿提起，右腳向前、向右踹擊對方右大腿裡側，上身左傾。目視對方（圖18）。

【要點】左腳上步要疾，左轉體要快，右腿踹擊要準、要狠，並速踹快收。

圖18

10.抱腿靠胸

①敵我雙方均左前式站立。目視對方（圖19）。

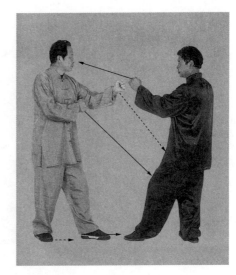

圖 19

②對方用左拳向前直擊我頭部。我身體下蹲閃敵左拳擊打，同時，雙腳向前邁步，雙掌臂向前抱住對方左大腿，用左肩向前靠擊對方胸部（圖20）。

【要點】下蹲閃頭、雙腳前邁、雙掌抱腿、左肩靠擊必須連貫緊湊，並且要急速有力，方能擊之必效。

圖 20

11. 閃頭肩靠擊

①我左前式站立，敵右前式站立。目視對方（圖21）。

圖21

②對方用右拳向前直擊我頭部。我頭左閃躲敵右拳擊打，同時，右腳向左前方上步，身體微下蹲前伏，用右臂肩向前靠擊對方右腋部位。目視對方（圖22）。

【要點】閃頭上步要快速，臂肩靠擊要掌握好貼身最佳時機，靠擊要用彈抖勁。閃頭、上步、靠擊三個動作要連貫。

圖22

12.轉身靠擊

①敵我雙方前後站立，我雙手下垂於身體兩側，敵左前式位於我後方（圖23）。

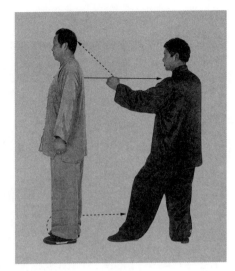

圖 23

②對方用左拳向前擊打我後腦部位。我頭右躲閃，同時，身體右轉，右腳向右上步，插落對方雙腳中間稍後位置，用右肩向右靠擊對方胸部或下頜部位。目視對方（圖24）。

【要點】閃頭、跨步、轉身、靠擊要連貫一體，靠擊要迅猛力篤。

圖 24

第六節　困擊法

一、困擊法簡介

困擊法，是指在受「困」處於被動的情況下所採用的技法。受「困」的情況通常主要有被對方抱住身體、被對方抓住身體局部、被數名敵人圍困。在上述情況下，我必須採取行之有效的擊打，使自己由被動變為主動。這行之有效的擊打之法就是困擊法。

困擊法的使用要做到：膽大無懼，勇於拼搏；頭腦清楚，反應靈敏；出手快狠，擊打要害；「眼觀六路，耳聽八方」；指東打西，虛實併用。

二、困擊法的實戰用法

1.前後撐腹

①我右腳在前，左腳在後，右掌在前，左掌在後，雙腿屈膝站立。敵二人於我前後均左前式站立（圖1）。

②前後敵人欲出左拳擊打我頭胸部。我身體快速向右擰轉，伴隨擰轉身體，我右掌由前向後、左掌由後向前，雙掌同時用掌外沿猛力撐擊前後之敵腹部，掌心均朝下。目隨掌行（圖2）。

圖 1

圖 2

　　【要點】撐掌時雙腳要下踩，擰身要急促，撐擊要猛狠，三者要同時，要用全身整體之力。

2.左右揮襠

①我雙腳併步站立，兩手下落於身體兩側。敵二人位於我左右兩側分別右左前式站立（圖3）。

圖3

②左右之敵用右左拳擊我頭部。我身體下蹲前伏，同時，雙掌用掌背向兩側揮擊左右之敵的襠部。臂伸直，力在掌指。目隨掌行（圖4）。

【要點】下蹲前伏與左右揮擊襠要同時進行。雙掌揮擊襠要疾、要準、要狠，擊之必中。

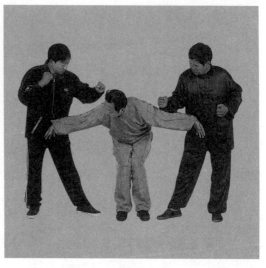

圖4

3.左右擊頭

①我雙腳平行站立，雙拳貼抱於兩腰間。敵二人分別位於我左右兩側，均左前式站立（圖5）。

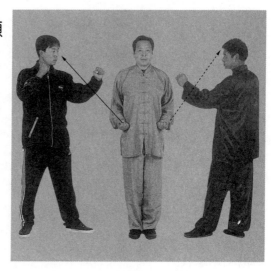

圖5

②兩側之敵欲出左拳擊打我頭部。在敵拳欲出未發之際，我雙拳突然猛力向左右直擊兩側之敵的頭部。目隨拳行（圖6）。

【要點】要掌握好雙拳擊出的最佳時機，雙拳直擊要猝然、迅速，要用全身整體之力。

圖6

4.擊頭躂踢襠

①我左前式站立，敵二人於我前後以左右前式站立。目視對方（圖7）。

圖7

②在前後之敵欲出拳擊我的一瞬間，我上身前探，左拳向前直擊身前之敵臉，同時，右腳向後躂踢身後之敵的襠部，腿伸直，力在腳跟。目視對方（圖8）。

【要點】左拳前擊頭與右腳後躂踢襠要同時進行，要迅猛，要準狠，擊則必著。

圖8

5. 肘頂胸腳踢襠

①我雙腳平行站立，兩腳間隔約 30 公分。敵二人分別以右左前式位於我左右兩側。目視對方（圖 9）。

圖 9

②在左右之敵欲出拳擊我之際，我上身右轉前傾，右臂屈肘用肘尖向前頂擊右側之敵胸部，同時，左腳向後直腿躔踢左側之敵襠部。目視對方（圖 10）。

【要點】轉身頂肘要突然快速，左腳躔踢襠要猛、要準、要狠，二者要連貫、緊湊。

圖 10

6.頭額磕臉

①敵我雙方近距離均左前式站立。目視對方。

②對方突然向前抱住我雙臂及上體，並欲摔我。我用頭額部位向前磕擊對方臉部（圖11、12）。

【要點】向前磕擊要快、要猛、要狠，重點磕擊對方眼鼻部位。疾磕速收，加以連擊。

圖11

圖12

7.提膝頂襠

①敵我雙方均左
前式站立。目視對方
（圖13）。

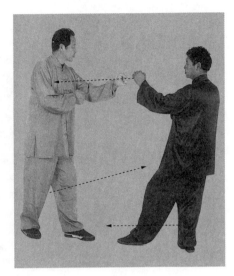

圖13

②對方右腳向前
一步，雙手向前抓住
我兩上臂根部，欲摔
我。我右腿屈膝上
提，用膝尖向前頂擊
對方襠部。目視對方
（圖14）。

【要點】提膝要
快，頂膝要準、要
狠，同時雙手可配合
向後捋抓對方雙上
臂。

圖14

8.左右磕頭

①敵於身後抱住我胸身，並欲摔我（圖15）。

圖 15

②我頭向左旋轉，磕擊對方左腦部位。目視後方（圖16）。

圖 16

③敵右閃頭躲我
左旋轉磕擊。我頭即
向右擰轉磕擊對方右
腦部位。目視右後方
（圖17）。

【要點】擰身旋
頭要活、要快、要
狠。

圖 17

9.跺腳蹶襠

①敵從身後抱住
我雙臂及身體，欲摔
我（圖18）。

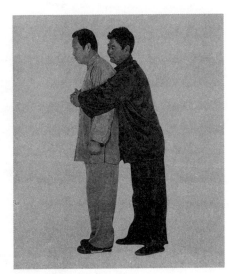

圖 18

②我左腳抬起向後、向下跺擊對方左腳面。目隨左腳（圖19）。

圖19

③不管左腳跺擊結果如何，我右腳向後、向上蹶蹽對方襠部。目視對方（圖20）。

【要點】跺腳、蹶襠要快、要狠，重創其要害部位。

圖20

10.撅臀前摔

①敵於背後抱住
我上臂及上體，欲摔
倒我（圖21）。

圖21

②我雙掌臂外
撐，屈肘外旋向上，
抱住對方雙掌，上身
前下伏，臀部後撅，
將對方從頭上摔於身
前。目視對方（圖
22）。

【要點】抱雙掌
要緊，防其抽脫。身
前下伏臀上撅要突然
迅速，同時進行。

圖22

11. 扣掌翻腕

①敵我雙方均左前式站立。目視對方（圖23）。

圖 23

②對方左手向前抓住我頭髮，並欲下拽。我左手速向上至頭頂扣壓住對方左掌，隨即右掌向上扣住對方左掌小指側，雙掌擠緊扣住對方左掌一齊用力向前、向左、向下推按滾壓之。目視對方（圖24）。

【要點】雙掌扣擠對方左掌要緊。推壓時上身和頭要前傾下伏，關鍵要把握好推壓敵左掌腕反關節的技巧。

圖 24

12. 扣掌壓臂

①敵我雙方均左前式站立。互視對方（圖25）。

圖 25

②對方右腳向前上步，用右手抓住我左肩，欲使摔法。我右拳變掌速至左肩上扣住對方右掌，同時，右臂用上臂根向後、向上、向前、向右、向下推壓對方右掌腕和前臂。目視對方（圖26）。

【要點】右手扣掌要緊，左上臂根推壓敵右腕臂要活、要快、要狠，上身要配合轉動。

圖 26

13.扣掌靠臂

①敵我雙方均左前式站立。目視對方（圖27）。

圖27

②對方右腳上步，用右手抓住我胸部。我用右手扣住對方右掌，身體右轉，用左上臂向右靠擊對方右肘關節。目視對方（圖28）。

【要點】右手扣掌要緊，轉身和左上臂靠擊要同時進行，轉身要急，靠擊要猛，要用爆發力。

圖28

14. 扣掌肘壓臂

①我左前式站立，敵右前式站立。目視對方（圖29）。

圖29

②對方用右手抓住我左手腕。我用右手扣住對方右掌，左臂屈肘用肘臂向前、向右扣壓對方右前臂。目視對方（圖30）。

【要點】右手扣抓對方右掌要緊，左前臂推壓對方右前臂要快、要狠，要用全身之力。

圖30

15.纏腕抱捲臂

①敵我雙方均右前式站立。目視對方（圖31）。

圖31

②對方用右手向前抓住我右手腕。我左腳向前上一步，身體微右轉，右手向右纏抓對方右手腕，左手從對方右肘下向上、向右扣抓對方右掌及小指側。雙掌抱牢扣緊對方右掌腕，一齊向前、向下推滾扳壓。目視對方（圖32）。

【要點】扣掌、纏腕、抱臂要緊，使對方右臂掌不能抽動。向前下滾壓掌臂時上身要配合前傾下伏。

圖32

　　李玉川，河北省滄州市青縣人，1951 年生。雖嗜拳術，又喜文墨。8 歲始從名師學練迷蹤拳，數十年練功不輟。他博學多求，勤練通研，先後向孟村、青島等地師友學習八極拳、八卦掌、意拳（大成拳）。同時，重視對武術理論的研究，閱讀了大量武術書刊和史料，寫下了很多讀書筆記，致力探求武術之眞諦。作者爲青縣迷蹤拳第七代掌門人之一。

　　1996 年 8 月，在青縣成立迷蹤拳協會時被推選爲協會主席。2001 年 9 月，在青縣迷蹤拳協會改建爲研究會時被推選爲會長。作者近幾年來傾心於對迷蹤拳的研究和整理。

大展出版社有限公司
品冠文化出版社
圖書目錄

地址：台北市北投區(石牌)　　　電話：　(02)28236031
　　　致遠一路二段 12 巷 1 號　　　　　　28236033
郵撥：01669551＜大展＞　　　　　　　　28233123
　　　19346241＜品冠＞　　　傳真：　(02)28272069

·少 年 偵 探· 品冠編號 66

1.　怪盜二十面相　　　（精）　江戶川亂步著　特價 189 元
2.　少年偵探團　　　　（精）　江戶川亂步著　特價 189 元
3.　妖怪博士　　　　　（精）　江戶川亂步著　特價 189 元
4.　大金塊　　　　　　（精）　江戶川亂步著　特價 230 元
5.　青銅魔人　　　　　（精）　江戶川亂步著　特價 230 元
6.　地底魔術王　　　　（精）　江戶川亂步著　特價 230 元
7.　透明怪人　　　　　（精）　江戶川亂步著　特價 230 元
8.　怪人四十面相　　　（精）　江戶川亂步著　特價 230 元
9.　宇宙怪人　　　　　（精）　江戶川亂步著　特價 230 元
10.　恐怖的鐵塔王國　　（精）　江戶川亂步著　特價 230 元
11.　灰色巨人　　　　　（精）　江戶川亂步著　特價 230 元
12.　海底魔術師　　　　（精）　江戶川亂步著　特價 230 元
13.　黃金豹　　　　　　（精）　江戶川亂步著　特價 230 元
14.　魔法博士　　　　　（精）　江戶川亂步著　特價 230 元
15.　馬戲怪人　　　　　（精）　江戶川亂步著　特價 230 元
16.　魔人銅鑼　　　　　（精）　江戶川亂步著　特價 230 元
17.　魔法人偶　　　　　（精）　江戶川亂步著　特價 230 元
18.　奇面城的秘密　　　（精）　江戶川亂步著　特價 230 元
19.　夜光人　　　　　　（精）　江戶川亂步著　特價 230 元
20.　塔上的魔術師　　　（精）　江戶川亂步著　特價 230 元
21.　鐵人Q　　　　　　（精）　江戶川亂步著　特價 230 元
22.　假面恐怖王　　　　（精）　江戶川亂步著　特價 230 元
23.　電人M　　　　　　（精）　江戶川亂步著　特價 230 元
24.　二十面相的詛咒　　（精）　江戶川亂步著　特價 230 元
25.　飛天二十面相　　　（精）　江戶川亂步著　特價 230 元
26.　黃金怪獸　　　　　（精）　江戶川亂步著　特價 230 元

·生 活 廣 場· 品冠編號 61

1.　366 天誕生星　　　　　　　　李芳黛譯　280 元
2.　366 天誕生花與誕生石　　　　李芳黛譯　280 元
3.　科學命相　　　　　　　　　　淺野八郎著　220 元
4.　已知的他界科學　　　　　　　陳蒼杰譯　220 元

1

5.	開拓未來的他界科學	陳蒼杰譯	220 元
6.	世紀末變態心理犯罪檔案	沈永嘉譯	240 元
7.	366 天開運年鑑	林廷宇編著	230 元
8.	色彩學與你	野村順一著	230 元
9.	科學手相	淺野八郎著	230 元
10.	你也能成為戀愛高手	柯富陽編著	220 元
11.	血型與十二星座	許淑瑛編著	230 元
12.	動物測驗—人性現形	淺野八郎著	200 元
13.	愛情、幸福完全自測	淺野八郎著	200 元
14.	輕鬆攻佔女性	趙奕世編著	230 元
15.	解讀命運密碼	郭宗德著	200 元
16.	由客家了解亞洲	高木桂藏著	220 元

・女醫師系列・品冠編號 62

1.	子宮內膜症	國府田清子著	200 元
2.	子宮肌瘤	黑島淳子著	200 元
3.	上班女性的壓力症候群	池下育子著	200 元
4.	漏尿、尿失禁	中田真木著	200 元
5.	高齡生產	大鷹美子著	200 元
6.	子宮癌	上坊敏子著	200 元
7.	避孕	早乙女智子著	200 元
8.	不孕症	中村春根著	200 元
9.	生理痛與生理不順	堀口雅子著	200 元
10.	更年期	野末悅子著	200 元

・傳統民俗療法・品冠編號 63

1.	神奇刀療法	潘文雄著	200 元
2.	神奇拍打療法	安在峰著	200 元
3.	神奇拔罐療法	安在峰著	200 元
4.	神奇艾灸療法	安在峰著	200 元
5.	神奇貼敷療法	安在峰著	200 元
6.	神奇薰洗療法	安在峰著	200 元
7.	神奇耳穴療法	安在峰著	200 元
8.	神奇指針療法	安在峰著	200 元
9.	神奇藥酒療法	安在峰著	200 元
10.	神奇藥茶療法	安在峰著	200 元
11.	神奇推拿療法	張貴荷著	200 元
12.	神奇止痛療法	漆浩著	200 元

・常見病藥膳調養叢書・品冠編號 631

1.	脂肪肝四季飲食	蕭守貴著	200 元

2. 高血壓四季飲食　　　　　秦玖剛著　200 元
3. 慢性腎炎四季飲食　　　　魏從強著　200 元
4. 高脂血症四季飲食　　　　　薛輝著　200 元
5. 慢性胃炎四季飲食　　　　馬秉祥著　200 元
6. 糖尿病四季飲食　　　　　王耀獻著　200 元
7. 癌症四季飲食　　　　　　　李忠著　200 元
8. 痛風四季飲食　　　　　　魯焰主編　200 元
9. 肝炎四季飲食　　　　　　王虹等著　200 元
10. 肥胖症四季飲食　　　　　李偉等著　200 元
11. 膽囊炎、膽石症四季飲食　謝春娥著　200 元

・彩色圖解保健・ 品冠編號 64

1. 瘦身　　　　　　　　　主婦之友社　300 元
2. 腰痛　　　　　　　　　主婦之友社　300 元
3. 肩膀痠痛　　　　　　　主婦之友社　300 元
4. 腰、膝、腳的疼痛　　　主婦之友社　300 元
5. 壓力、精神疲勞　　　　主婦之友社　300 元
6. 眼睛疲勞、視力減退　　主婦之友社　300 元

・心 想 事 成・ 品冠編號 65

1. 魔法愛情點心　　　　　結城莫拉著　120 元
2. 可愛手工飾品　　　　　結城莫拉著　120 元
3. 可愛打扮 & 髮型　　　　結城莫拉著　120 元
4. 撲克牌算命　　　　　　結城莫拉著　120 元

・熱 門 新 知・ 品冠編號 67

1. 圖解基因與 DNA　　（精）　中原英臣 主編 230 元
2. 圖解人體的神奇　　（精）　米山公啟 主編 230 元
3. 圖解腦與心的構造　（精）　永田和哉 主編 230 元
4. 圖解科學的神奇　　（精）　鳥海光弘 主編 230 元
5. 圖解數學的神奇　　（精）　柳 谷 晃　著 250 元
6. 圖解基因操作　　　（精）　海老原充 主編 230 元
7. 圖解後基因組　　　（精）　才園哲人　著 230 元

・法律專欄連載・ 大展編號 58

台大法學院　　　法律學系／策劃
　　　　　　　　法律服務社／編著

1. 別讓您的權利睡著了 (1)　　　　　200 元
2. 別讓您的權利睡著了 (2)　　　　　200 元

43. 24 式太極拳＋VCD　　　　中國國家體育總局著　350 元
44. 太極推手絕技　　　　　　　　安在峰編著　250 元
45. 孫祿堂武學錄　　　　　　　　孫祿堂著　300 元
46. ＜珍貴本＞陳式太極拳精選　　馮志強著　280 元
47. 武當趙堡太極拳小架　　　　　鄭悟清傳授　250 元
48. 太極拳習練知識問答　　　　　邱丕相主編　220 元
49. 八法拳　八法槍　　　　　　　武世俊著　220 元
50. 地趟拳＋VCD　　　　　　　　張憲政著　350 元
51. 四十八式太極拳＋VCD　　　　楊　靜演示　400 元
52. 三十二式太極劍＋VCD　　　　楊　靜演示　300 元
53. 隨曲就伸　中國太極拳名家對話錄　余功保著　300 元
54. 陳式太極拳五功八法十三勢　　鬫桂香著　200 元
55. 六合螳螂拳　　　　　　　　　劉敬儒等著　280 元
56. 古本新探華佗五禽戲　　　　　劉時榮編著　180 元
57. 陳式太極拳養生功＋VCD　　　陳正雷著　350 元
58. 中國循經太極拳二十四式教程　李兆生著　300 元
59. ＜珍貴本＞太極拳研究　　唐豪・顧留馨著　250 元
60. 武當三豐太極拳　　　　　　　劉嗣傳著　300 元
61. 楊式太極拳體用圖解　　　　　崔仲三編著　350 元
62. 太極十三刀　　　　　　　　　張耀忠編著　230 元

・彩色圖解太極武術・ 大展編號 102

1.　太極功夫扇　　　　　　　　　李德印編著　220 元
2.　武當太極劍　　　　　　　　　李德印編著　220 元
3.　楊式太極劍　　　　　　　　　李德印編著　220 元
4.　楊式太極刀　　　　　　　　　王志遠著　220 元
5.　二十四式太極拳（楊式）＋VCD　李德印編著　350 元
6.　三十二式太極劍（楊式）＋VCD　李德印編著　350 元
7.　四十二式太極劍＋VCD　　　　李德印編著　350 元
8.　四十二式太極拳＋VCD　　　　李德印編著　350 元
9.　16 式太極拳 18 式太極劍＋VCD　崔仲三著　350 元
10. 楊氏 28 式太極拳＋VCD　　　　趙幼斌著　350 元
11. 楊式太極拳 40 式＋VCD　　　　宗維潔編著　350 元
12. 陳式太極拳 56 式＋VCD　　　　黃康輝等著　350 元
13. 吳式太極拳 45 式＋VCD　　　　宗維潔編著　350 元
14. 精簡陳式太極拳 8 式、16 式　　黃康輝編著　220 元
16. 夕陽美功夫扇　　　　　　　　李德印著　220 元

・國際武術競賽套路・ 大展編號 103

1.　長拳　　　　　　　　　　　　李巧玲執筆　220 元
2.　劍術　　　　　　　　　　　　程慧琨執筆　220 元
3.　刀術　　　　　　　　　　　　劉同為執筆　220 元

| 4. 槍術 | 張躍寧執筆 | 220元 |
| 5. 棍術 | 殷玉柱執筆 | 220元 |

·簡化太極拳· 大展編號 104

1. 陳式太極拳十三式	陳正雷編著	200元
2. 楊式太極拳十三式	楊振鐸編著	200元
3. 吳式太極拳十三式	李秉慈編著	200元
4. 武式太極拳十三式	喬松茂編著	200元
5. 孫式太極拳十三式	孫劍雲編著	200元
6. 趙堡太極拳十三式	王海洲編著	200元

·中國當代太極拳名家名著· 大展編號 106

1. 李德印太極拳規範教程	李德印著	550元
2. 王培生吳式太極拳詮真	王培生著	500元
3. 喬松茂武式太極拳詮真	喬松茂著	450元
4. 孫劍雲孫式太極拳詮真	孫劍雲著	350元
5. 王海洲趙堡太極拳詮真	王海洲著	500元
6. 鄭琛太極拳道詮真	鄭琛著	400元

·名師出高徒· 大展編號 111

1. 武術基本功與基本動作	劉玉萍編著	200元
2. 長拳入門與精進	吳彬等著	220元
3. 劍術刀術入門與精進	楊柏龍等著	220元
4. 棍術、槍術入門與精進	邱丕相編著	220元
5. 南拳入門與精進	朱瑞琪編著	220元
6. 散手入門與精進	張山等著	220元
7. 太極拳入門與精進	李德印編著	280元
8. 太極推手入門與精進	田金龍編著	220元

·實用武術技擊· 大展編號 112

1. 實用自衛拳法	溫佐惠著	250元
2. 搏擊術精選	陳清山等著	220元
3. 秘傳防身絕技	程崑彬著	230元
4. 振藩截拳道入門	陳琦平著	220元
5. 實用擒拿法	韓建中著	220元
6. 擒拿反擒拿88法	韓建中著	250元
7. 武當秘門技擊術入門篇	高翔著	250元
8. 武當秘門技擊術絕技篇	高翔著	250元
9. 太極拳實用技擊法	武世俊著	220元

・中國武術規定套路・ 大展編號 113

1.	螳螂拳	中國武術系列	300元
2.	劈掛拳	規定套路編寫組	300元
3.	八極拳	國家體育總局	250元
4.	木蘭拳	國家體育總局	230元

・中華傳統武術・ 大展編號 114

1.	中華古今兵械圖考	裴錫榮主編	280元
2.	武當劍	陳湘陵編著	200元
3.	梁派八卦掌（老八掌）	李子鳴遺著	220元
4.	少林72藝與武當36功	裴錫榮主編	230元
5.	三十六把擒拿	佐藤金兵衛主編	200元
6.	武當太極拳與盤手20法	裴錫榮主編	220元

・少 林 功 夫・ 大展編號 115

1.	少林打擂秘訣	德虔、素法編著	300元
2.	少林三大名拳 炮拳、大洪拳、六合拳	門惠豐等著	200元
3.	少林三絕 氣功、點穴、擒拿	德虔編著	300元
4.	少林怪兵器秘傳	素法等著	250元
5.	少林護身暗器秘傳	素法等著	220元
6.	少林金剛硬氣功	楊維編著	250元
7.	少林棍法大全	德虔、素法編著	250元
8.	少林看家拳	德虔、素法編著	250元
9.	少林正宗七十二藝	德虔、素法編著	280元
10.	少林瘋魔棍闡宗	馬德著	250元
11.	少林正宗太祖拳法	高翔著	280元
12.	少林拳技擊入門	劉世君編著	220元

・原地太極拳系列・ 大展編號 11

1.	原地綜合太極拳24式	胡啟賢創編	220元
2.	原地活步太極拳42式	胡啟賢創編	200元
3.	原地簡化太極拳24式	胡啟賢創編	200元
4.	原地太極拳12式	胡啟賢創編	200元
5.	原地青少年太極拳22式	胡啟賢創編	220元

・道 學 文 化・ 大展編號 12

1.	道在養生：道教長壽術	郝勤等著	250元
2.	龍虎丹道：道教內丹術	郝勤著	300元
3.	天上人間：道教神仙譜系	黃德海著	250元

國家圖書館出版品預行編目資料

迷蹤拳（三）／李玉川　編著
——初版，——臺北市，大展，2004 年〔民 93〕
面；21 公分，——（迷蹤拳系列；3）
ISBN 957-468-325-7 （平裝）
1.拳術—中國
528.97　　　　　　　　　　　　　93000810

北京人民體育出版社授權中文繁體字版

迷 蹤 拳（三）

ISBN 957-468-325-7

編 著 者／李 玉 川
責任編輯／鄭 小 鋒　新 　硯
發 行 人／蔡 森 明
出 版 者／大展出版社有限公司
社　　　址／台北市北投區（石牌）致遠一路 2 段 12 巷 1 號
電　　　話／（02）28236031·28236033·28233123
傳　　　眞／（02）28272069
郵政劃撥／01669551
網　　　址／www.dah-jaan.com.tw
E-mail／service@dah-jaan.com.tw
登 記 證／局版臺業字第 2171 號
承 印 者／高星印刷品行
裝　　　訂／協億印製廠股份有限公司
排 版 者／弘益電腦排版有限公司
初版 1 刷／2004 年（民 93 年）10 月

定　價／250 元

大展好書　好書大展
品嘗好書　冠群可期

大展好書　好書大展

品嘗好書　冠群可期